Johannes Scherr

Sommertagebuch (1872) des Weiland Dr. gastrosoph. Jeremia Sauerampfer

Johannes Scherr

Sommertagebuch (1872) des Weiland Dr. gastrosoph. Jeremia Sauerampfer

ISBN/EAN: 9783744627467

Hergestellt in Europa, USA, Kanada, Australien, Japan

Cover: Foto ©ninafisch / pixelio.de

Weitere Bücher finden Sie auf **www.hansebooks.com**

Jeremiä Sauerampfers
Sommertagebuch
von
1872.

Sommertagebuch

(1872)

des weiland

Dr. gastrosoph. Jeremia Sauerampfer.

Herausgegeben

von

Johannes Scherr.

El no maravillarse hombre de nada —
Hurtado de Mendoza.

Zürich,
Schabelitz'sche Buchhandlung.
(Cäsar Schmidt.)
1873.

Vorwort des Herausgebers.

Da und dort in meinen Schriften habe ich den Namen meines Freundes Jeremia Sauerampfer genannt. Er war mein bester Freund, aber, leider! er war. Ein unheilbares Uebel, das ihn viele Jahre lang peinigte und das er mit der Geduld seines Stoicismus ertrug, hat zwar nicht seinen Geist zu brechen vermocht, wohl aber im letzten Herbste dessen Hülle gebrochen. Er ist mein Heimat- und Altersgenosse, mein Schulkamerad, mein Studienfreund, mein Parteigeselle und später auch mein Nichtparteigenosse gewesen, d. h. wir beide hatten gleichzeitig das Joch der Parteibornirtheit abgeschüttelt. Er war ein eigenartiger Mensch, ein auf sich selbst gestellter Mann, dem keine Parteilosung imponirte und der für alle die Tagesmoden nur ein Lächeln der Verachtung hatte. Er ging geradeaus allzeit und überall und sprach geradeheraus in Liebe und Haß. Hinter einem schroffen, häufig geradezu abwehrenden, abstoßenden Gebaren, welches er seinen Harnisch nannte, barg er ein Herz voll tiefen Gefühls und feuriger Regungen. Wo es sich darum

handelte, gegen Unvernunft, Gemeinheit, Lüge und Un=
gerechtigkeit anzugehen, hatten sein Urtheil und sein Wort
die unerbittliche Schneidigkeit einer Damascenerklinge.
Seine Vaterlandsliebe ist auf gar manche, auf gar manche
bittere Probe gestellt worden, aber sie hat nie gewankt oder
geschwankt. Sie war eine reine und große Flamme, die
hinter einem dunkeln Vorhang — die pessimistische Welt=
anschauung meines Freundes — still und stät brannte.
Deutschland hat unzählige begabtere, wirksamere, verdienst=
vollere Patrioten gehabt, als meinem Freunde einer zu sein
gegeben war, aber einen uneigennützigeren nie. Zu den
widerlichsten Insekten=Menschen oder Menschen=Insekten
zählt er die, welche den Patriotismus nur entweder zu
einem Sockel für ihre Eitelkeit oder zu einer Staffel für
ihre Karriereschnauferei machen. Sein Humor liebte es,
selbst die wichtigsten Dinge mitunter als lauter Bagatellen
zu behandeln, welche nicht mehr Werth hätten als sein vor
Zeiten von der philosophischen Fakultät der Universität
Tiftelbingen erlangtes Doktordiplom der Gastrosophie —
(erlangt mittels einer stupend gelehrten, in recht elegantem
Latein verfaßten Dissertation „Ueber die kulturmissionärische
Entwickelung der Beefsteakologie von der Steinzeit bis herab
zur Papierzeit", — welches Opus ich gelegentlich veröffent=
lichen werde). Aber Eins stand ihm außerhalb des Kreises
humoristischer Betrachtungsweise, an Eins durfte der Scherz
nicht rühren, Eins war ihm über die Ironie erhaben: —
die Pflicht gegen Deutschland. Wo er diese mißachtet oder
verletzt sah, da konnte er, welcher doch sonst ein entschiedener
Bekenner des horazisch=weisen „Nil admirari!" war, selbst
noch in seinen letzten Lebenswochen in die heftigste Auf=
regung gerathen, in wetternden Zorn ausbrechen.

Dem Tode ging er entgegen, wie er allem, was das

Vorwort des Herausgebers.

Leben ihm gebracht hatte, entgegengegangen war: geradeaus. Der ihm befreundete Arzt hatte ihm genaue Kunde nicht vorenthalten. Mein Freund wußte daher auf Tag und Stunde hin, wann das Ende da sein würde. Ohne allen Aufwand von Pathos, mit der Fassung und Resignation, welche seine Philosophie ihn lehrte, rüstete er sich auf das Unvermeidliche. Und so starb er auch...

> „Gelassen hingestützt auf Grazien und Musen,
> Empfing er das Geschoß, das ihn bedräut',
> Mit ruhig dargebotnem Busen
> Vom sanften Bogen der Nothwendigkeit."

Als ich am letzten seiner Lebenstage frühmorgens zu ihm ging, begegnete ich auf der Treppe dem Arzte. Derselbe war sehr beeilt, machte mir daher nur im Vorbeigehen ein sehr bedeutungsvolles Zeichen und sagte leise: „Heute wird unser Freund uns verlassen. Gegen Abend zu, spätestens während der Nacht." Ich glaubte demnach den Kranken ganz hilflos im Bette zu finden; aber dem war nicht so. Auf mein Anklopfen rief er selber Herein! und ich fand ihn halbangezogen und in der Arbeit des Selbstrasirens begriffen. Aber sein Gesicht war aschfahl und meine Augen konnten den schmerzlichen Eindruck, welchen ich empfing, nicht ganz verbergen. Er sah es und sagte, in seinem Geschäft innehaltend und die Wärterin bedeutend, hinauszugehen: „Ah, lieber Alter, du bemerkst, daß mir der große Heiland, Erlöser und Expeditor Tod bereits die Freimarke auf das Gesicht geklebt hat?" Bah — entgegnete ich, mühsam auf seinen Ton eingehend — es wird wohl nicht so eilen mit der Expedition. Solange man sich rasirt, stirbt man nicht. „Doch, mein Lieber. Heute wird gestorben! Ich habe aber als ein anständiger Mensch gelebt und will auch als ein solcher sterben. Darum nahm ich ein Bad, zog ein frisches Hemb an und rasire mich. Ich will die Sache, wenn möglich, hier in meinem alten Sorgenstuhl am Fenster abmachen. Der Abend gönnt mir wohl noch einen Blick auf die Alpen, die ich so sehr geliebt habe, und morgen um diese Zeit werde ich entweder alles oder gar nichts mehr wissen. Das Letztere ist, vom Standpunkte der Bequemlichkeit im Allgemeinen und meiner Ruhebebürftig= keit im Besonderen aus angesehen, weitaus das Bessere."

Nachher gab er mir seine letzten Aufträge und händigte mir seine handschriftliche Hinterlassenschaft aus. Er machte mich auf das darunter befindliche Tagebuch aufmerksam, welches er in seiner Weise in den Sommermonaten geführt hatte. Ich warf einen Blick hinein und sagte: Das lass' ich, denk' ich, unverweilt drucken. „Wo denkst du hin?" versetzte er; „du weißt doch, daß ich die D'outre-tombe-Tagebücher des Herrn Varnhagen von Ense stets für eine der größten Gemeinheiten unseres Jahrhunderts gehalten habe".
— Mit Recht, lieber Alter, jeder ehrliche Mensch mußte es wider= wärtig gemein finden, wie der glatte Schleicher, welcher nie ohne sein Ordensbändelchen ausging, nach der „Excellenz" lechzte und im geleckteften Gehorsamendienerstil biographische Porzellanmalerei trieb, den Tag über in den berliner Vor= zimmern und Salons und Boudoirs herumschnüffelte, um das Erhorchte Abends in sein Geheimtagebuch hineinzu= klatschen, sich dabei bosräthlich=boshaft=heimlich die Hände reibend und die unbefriedigte varnhagen'sche Eitelkeit mit dem Gedanken kitzelnd: „Wartet nur, ihr alle, die ihr mich nicht zur Excellenz gemacht, wann ich mal todt bin und ihr mir schlechterdings nichts mehr anhaben könnt, soll eine ganze Bändereihe von Feuerteufeln aus meinem Grabe herausschlagen, um euch tüchtig zu versengen und zu ver= stänkern." Garstig! Ueber die maßen gemein und garstig!

Vorwort des Herausgebers.

— „Allerdings, und, siehst du, das macht mich doch bedenklich hinsichtlich der Veröffentlichung meiner Tagebuchblätter. Klatsch freilich ist nicht darin und auch mit meinen Personalien würden die Leser nur wenig behelligt werden; aber es geht mir gegen den Mann, Aeußerungen in die Oeffentlichkeit gelangen zu lassen, wofür ich die Verantwortlichkeit nicht mehr tragen kann." — Oh, darüber brauchst du dir keine Skrupel zu machen. Die Leser und Leserinnen, Kritiker und Kritikerinnen haben ja mich, den Herausgeber, an welchem sie ihre Launen auslassen, welchen sie nach Herzenslust schelten und schimpfen können. — „Das ist wahr und ich weiß auch, du machst dir nicht viel daraus. Ergo thu' mit meinem Diarium, was du willst"....

Ich that nicht viel damit, d. h. ich beschränkte mich darauf, die Blätter zum Drucke zu ordnen. Geändert hab' ich keine Silbe, keinen Buchstab. Denkende und wissende Menschen sollten, mein' ich, die Stimme, welche aus diesen Blättern spricht, nicht ungern vernehmen. Es ist die Stimme eines Mannes, welcher, von keinerlei Rücksicht eingeengt, über Menschen, Ereignisse und Bücher mit voller Offenheit und mit unbeugsamem Freimuth sich ausläßt. Gescheite und unterrichtete Leser und Leserinnen werden es auch zu schätzen wissen, daß die Denk- und Sprechweise des Sommertagebüchlers nicht im Hundetrab dieser oder jener Parteimeinung einhertrottet, sondern eigene Wege wandelt und bald diese bald jene Schrittart einhält.

Um meiner Schuldigkeit als Herausgeber genugzuthun, bemerke ich schließlich ausdrücklich, daß dieses Tagebuch nicht für dumme, unwissende oder gemeindenkende Leute geschrieben ist.

Zürich, 30. November 1872.

Johannes Scherr.

Juni.

1872.

1. Juni.

"Im wunderschönen Monat Mai" war heuer wieder einmal das Wunderschönste ein wohlgeheizter Ofen. Unser "gemäßigtes" Klima ließ sich in der ganzen Gräue seines Grauhimmels sehen. Das unaufhörliche Geläpper hat unter anderem auch die verbesserte schweizerische Bundesverfassung zu Wasser gemacht, welche, so dem Gemuhe des Uristieres und dem belirirenden Tremuliren verschiedener welscher Eid= und Faßgenossen zu glauben, heimtückisch aus Preußen importirt war, um sämmtliche Kantönliherrgöttli damit zu vergiften. Wie es nur die Herren Lyriker angestellt haben mögen, um den nöthigen Vorrath von Wonnemondliedern auf Lager zu kriegen! Nebel, Wind und Regen — Regen, Nebel und Wind: eine endlose Schraube von gemäßigt=klimatischen Mailichkeiten. Zur Seite der stehenden Pfütze der Jesuitenfrage in den Zeitungen ergossen sich wolkenbrüchig die Ueberschwemmungsberichte. Sogar czechische Bauern und Bauerndörfer wurden einmal gründlich gewaschen, welche widerslavische Operation natürlich die bösen Deutschen verschuldet hatten. Luft, Erde, deutscher Reichstag, englisches Parlament, französische Nationalversammlung, Karlistenaufstand, vatikanische Flüchsespritzepumperei, Wagnerschwindel, alles wässerig, wässeriger, wässerigst. Man glaubte wahrhaftig in einem Buche des böotischen Literarhistorikers Banausius Kurzwedel zu wohnen. Es wurde Einem so flau zu Muthe, als wäre man „altkatholisch" geworden, so recht nichtkönnensbewußt, döllingeriussisch=kirchenvereinerlichweinerlich, so zu sagen. Man begriff, daß Tennysons „Mariana" Tag und Nacht singen und seufzen mochte:

    „My life is dreary,
    I am aweary,
    I would that I were dead!"

und man konnte auf die naßkälteſtdummen Einfälle
gerathen, konnte Herrn von Hackländer für einen
wirklichen Ehrenlegionär, Herrn von Redwitz für
einen Dichter, Herrn von Lutz für einen Pfaffen=
freſſer und die ſämmtlichen alten Weiber von Pa=
tentliberalfingen für mehr oder weniger junge
Männer halten.

Bei Namſung ſelbiger ſchönen Gegend fällt mir
ein, daß ich vor etlichen Tagen mit einem geraden=
wegs aus Berlin zurückgekehrten Bekannten fol=
gendes Geſpräch hatte. Der Mann ſkandaliſirte
ſich nämlich darüber, daß in der Vorhalle des
proviſoriſchen Reichtagshauſes neben den Arndt,
Fichte, Humboldt, Stein und Uhland auch der Herr
Mathy gemalt ſei. „Warum denn nicht? Sie
ſollten doch wiſſen, daß Lionardo da Vinci und
andere berühmte Maler auch den Judas Iſkariot
und zwar von rechtswegen mit unter die übrigen
Apoſtel hingemalt haben." — „„Wohl, in dieſem
Sinne kann man ſich die Sache gefallen laſſen.""
— „In dieſem Sinne? Bitte, Sie wiſſen ja
gar nicht, was für einen Sinn ich im Sinne habe."
— „„Nun, da kann doch nur von einem Sinne

die Rede sein."" — „Meinen Sie? Wenn ich nun aber meinerseits meinte, der vielverschreite, zu schlimmer letzt auch noch von Elise Schmidt tragisch gemaßregelte Bourgeois und Bankier Judas von Kariot sei, genauer angesehen, eigentlich ein Biedermann aus dem ff gewesen? Und, in Wahrheit, ich glaube, der Mann war ein richtiger Nationalliberaler, ein jüdischer Mathy so zu sagen, welcher den Ueber- und Umstürzern, den Revoluzern und Putschern das Handwerk legen wollte. Das nannten dann Leute, welche die tiefere Bedeutung geschichtlicher Charaktere und Ereignisse nicht zu erfassen vermochten, schnöden Verrath. So seid ihr Ewig-Malkontenten! Ihr vermögt euch von der ganz obsolet gewordenen Vorstellung einer sogenannten sittlichen Weltordnung, von dem dummen Aberglauben an eine fabelhafte Moral in der Weltgeschichte nicht loszumachen. Darum ist und bleibt euer Verstand zu stumpf, um die Umschalungen der höheren Politik durchbringen zu können, und so kennt ihr — entschuldigen Sie …

„Im übrigen und dies beiseiten,
Bin ich ein Mann voll Höflichkeiten" —

ja, ihr kennt die Staatskunst gerade so, wie sein Fach jener weltberühmte Kunsthistoriker kennt, von welchem Gottfried Semper, bevor er nach Wien ging, im hiesigen „Künstlergütli" lapidarissime gesagt hat: „Der Kerl versteht von der Kunst gerade soviel wie — nun, wie ein gewisser beim Aristophanes so häufig auftretender Proktos vom Leben Gottes."

———————

2. Juni.

Es ist doch inmitten der verflossenen Maiwassernoth ein leuchtendes Feuerzeichen geschehen. „Wir werden nicht nach Kanossa gehen!" Hoffentlich geht ihr auch nicht mehr nach Olmütz oder Warschau. Ueber Olmütz wenigstens würdet ihr schließlich doch nach Kanossa gelangen, nur auf einem Umwege. Allerdings liegt Sadowa zwischen Potsdam und Olmütz und man sollte glauben, diese Kluft wäre nicht zu überbrücken. Allein der katholische und der lutherische Jesuitismus dürften, kalkulir' ich, dennoch nicht daran verzweifeln, eine solche Ueberbrückung zuwegezubringen, „viribus unitis". Sie arbeiten ja auf ein und dasselbe Ziel hin: Vernichtung des deutschen Reiches, des deutschen Geistes, der deutschen Kultur. Die östreichischen Tories und die preußischen Junker reiten „ritterlich" mitsammen unter dem loyolaitischen Banner, auf welches uckermärkische Muckerinnen Bibelsprüche stickten und das im Auftrage des Oberbonzen von Babel der Kardinal Schwarzenberg unter Assistenz des gesammten deutschen Episkopats geweihwässert hat. Und die Junker und Pfaffen sind nicht etwa allein. Ihr Fahneschwenken und Werbetrommeln lockt ein buntes Volk von Mitstreitern herbei. Da wimmelt es tiefschwarz von urbajuwarischen Hieseln und tirolisch-glaubenseinigen Kilkröpfen. Da wuselt es dunkelroth von Brüdern und Schwestern des gemeinsamen Schlaraffen- und Luderlebens. Etwas verschämt marschirt beiseite eine Schar Blaßröthlicher, welche sich für „Demokraten" ausgeben und um jeden Preis ein bißchen mitregieren möchten, wäre es am Ende aller Enden auch nur als Bosseler eines französischen Souspréfet. Verschämt, sag' ich, marschiren diese Herren mit, aber sie marschiren doch mit. Ganz scheu- und schamlos dagegen lümmeln im Zuge welfische Spittelgänger, Ex=Almosen= genössige Verhuells, jüdische und christliche Presse= bravos und ein ganzes Rudel „kosmopolitischer" Stromer und Strolche, welche unmittelbar vor und nach 1866 mehr oder weniger heftig national= vereinelten, in der Hoffnung, „anzukommen", dann aber, als man 1870 von den Größewahnkranken gar keine Notiz nahm, vor Aerger und Verdruß plötzlich wieder scharlachroth anliefen und den Fran= zosen, den Polen, den Czechen, den Walachen, kurz, allen Feinden ihres Vaterlandes bis zu den Lappen und Samojeden herab hofiren gingen. Das ist die bunte gegen Deutschland bestimmte Kreuzzugs= armee. Monsieur Thiers wird dieselbe als Ober= stratege leiten und Citoyen Gambetta wird sie als republikanischer Feldpater=Kapuziner fanatisiren. Der Herr Reichskanzler mag die Augen weit und wachsam aufthun! Der Kreuzzug ist bereits in vollem Gange. Der leitende Minister Deutschlands hat, was auch seine Fehler und Mängel sein mö= gen und wirklich sind, den ehrenwerthen Muth gehabt, der heiligen Dreifaltigkeit Dummheit, Lüge und Bosheit den Krieg zu erklären, und dieser

Krieg wird schwer zu führen sein. Um so schwerer, da der staatsmännische Fechter, durch „höhere Rücksichten" gebunden, gar nicht recht ausfallen darf. Das Pfaffenthum besitzt ja bekanntlich bei Hofe mehr als eine feste Burg. Herr von Bismark hat auch gar wohl erkannt — was übrigens keine große Kunst war — daß es lächerlich und schädlich zugleich, wenn der deutsche Kaiser den altpreußischen Zopf als Scepter in der Hand halten wollte. Aber dieser Zopf ist doch noch immer eine „stramme" Thatsache, welche dem Herrn Reichskanzler unter Umständen nicht nur sehr unbequem, sondern auch höchst gefährlich werden könnte. Und wenn auf der einen Seite die Widerhaarigkeit des altpreußischen Dingsba mächtig genug ist, so halsstarrige Zeitwidrigkeiten, wie z. B. das Herrenhaus, aufrechtzuhalten, so machen auf der andern Seite die Abstrusitäten, Marotten und Eiertänzeleien des Liberalismus dem Minister gehörig zu schaffen. Gerade in dem angehobenen Kampfe gegen die Jesuiterei. Das Narrenwort von der freien Kirche im freien Staate hat ja auch solche liberale Köpfe, die man für etwas solider konstruirt

gehalten hatte, dippelig und duselig gemacht, —
so dippelig und duselig, daß sie, wo es sich darum
handelt, der römischen Schlange auf den Kopf zu
treten, zu Gunsten der „armen, verfolgten" Schlange
mit den Erzfeinden Deutschlands gemeinsame Sache
machen. Und diese abstraktesten aller Abstraktoren
schmeicheln sich, „Realpolitiker" zu sein und alle
„staatsmännische" Weisheit mit berliner Löffeln
gefressen zu haben. Vivat die Schablone!

----

3. Juni.

Was man auch gegen die Polen haben mag
und wie antipathisch sie durch ihr Gebaren in
den Jahren 1870—71 uns Deutschen geworden
sind, das muß man ihnen doch lassen: ihre Vater=
landsliebe und ihr Nationaleifer haben jede Probe
bestanden. Wie viel Elend und Jammer wären
Deutschland erspart worden, wenn in den Seelen
der Deutschen und Deutschinnen das „Vaterland!"
allzeit so gelebt, geleuchtet und gelodert hätte, wie
in den Seelen der Polen und mehr noch der Po=
linnen ihr „Ojczyzna!" lebt, leuchtet, lodert. Wahr=

haft achtungswerth werden die Polen, wenn man ihr Verhalten unter der und gegen die Fremdherrschaft mit dem der Elsäßer vergleicht. Nie und nimmer wären die Polen eines solchen Verraths an ihrer Nationalität fähig gewesen, wie ihn die Elsäßer begangen haben. Und man spreche doch nicht davon, daß eben Elsaß unter Frankreich besser regiert worden sei und sich materiell besser befunden habe als früher unter dem weiland deutschen Reich. Auch die Polen wurden und werden von Preußen, von Oestreich uud sogar von Rußland viel besser regiert, als sie selbst sich zu regieren vermocht hatten, und sie sind auch materiell weit besser daran, als sie zur Zeit der polnischen Republik waren. Aber darum haben sich die Polen doch nicht verpreußt, veröstreichert oder verrußt, wie die Elsäßer sich verfranzoseten, sondern sie sind Polen geblieben, Polen in jeder Fiber. Ein polnisches Seitenstück zu jenem schamlosen elsäßischen Fartcatcher der Franzoserei, welcher seinen ehrlichen deutschen Namen Zingerle in Singuérlé verfumfeit hat, läßt sich kaum denken. Die annehmbarsten Entschuldigungsgründe, welche die Elsäßer vorbringen

können, sind der leidige den Deutschen von alters=
her anerzogene kosmopolitische Nachäffungsschwindel,
die warmbrüderlich=duldsame Eselei, sich zuvorkom=
mend in Fremdes, selbst Feindseligst=Fremdes zu
finden und zu schicken; sowie das schlechte Beispiel
der sogenannten vornehmen Welt in Deutschland,
welche aus allen Kräften sich bemühte, sich selbst
und andere glauben zu machen, vornehm und fran=
zösisch sei ein= und dasselbe. Bekanntlich herrscht
noch zur Stunde dieser blödsinnige Köhlerglaube
an manchem deutschen Hofe, gerade wie er in den
Bürgerhäusern der deutschen Schweiz herrscht, aus
welchen man die lieben Gänschen schlechterdings
in's „Welschland" schicken muß, damit sie als fran=
zösisch schnatternde Gänse heimkehren.... Zum
Lachen ist es, wenn die Elsäßer als Hauptbeschö=
nigung ihrer Apostasie von der deutschen Nationa=
lität und der Abneigung gegen die neue Reichs=
herrschaft ihren Republikanismus vorbringen. Den
kennt man. Es wird damit, wie man mir schreibt,
besonders in Mülhausen Parade gemacht. Ich er=
innere mich aber sehr deutlich, daß ich zur Zeit
der Herrlichkeit des verflossenen Verhuellius Naso

mit seinem bei Sedan „gebrochenen Herzen und ruhig gebliebenen Gewissen" eine ganze Reihe von Jahren hindurch allsommerlich mit eigenen Ohren gehört habe, wie die Herren Mülhauser und die Damen Mülhauserinnen besagten Verhuellium Nasonem im — Andachtschwunge lobpriesen, soweit die „mülhüser langue" reichte.

— — —

4. Juni.

Die Erzherzogin Sophie ist gestorben und man kann es spaßhaft finden, wie die liberalen wiener Blätter bis zur Gliederverrenkung sich drehen und wenden und winden, um nicht zu sagen, was sie von der Mutter des Kaisers Franz Joseph denken. Im Grunde ist alles Sagbare gesagt mit dem Satze: Sie war die Patronin der Windischgrätzerei, d. h. einer ebenso bornirten als brutalen Unkenntniß der Stunde, welche Anno 1848 der Zeiger auf dem Zifferblatt der Weltgeschichteuhr gewiesen hat. Im übrigen war diese Frau zur damaligen Zeit der einzige Mann im Hause Lothringen-Habsburg. Wäre ihr Geist nicht von frühan verpfafft, ihr starkes Herz nicht gottesgnadenthümlich verhärtet worden, sie hätte Oestreich und Deutschland viel Leid ersparen können. Sie selber ist aber auch nicht leer ausgegangen. Sie hat die Nöthen und Aengsten der Macht erfahren, sie hat die Schmerzen der Mutter gelitten. Ob, als die Standrechtsschüsse von Querétaro herüberknallten, die zürnenden Schatten von der Brigittenau vor ihr aufstiegen? Ob ihre Seele angeschauert wurde vom verzehrenden Eis-Odem der Nemesis? Laßt es uns glauben! Denn wir altfränkischen Menschen sind zu steifknochig, als daß wir uns noch auf die Höhe einer allermodernsten „Geschichtewissenschaft" schwingen könnten, von welcher herab mit Trompeten und Pauken verkündigt wird, die Verantwortlichkeit sei eine bloße Narrethei, sintemalen die historischen Charaktere nur willenlose Kreisel seien, welche durch den weltgeschichtlichen Prozeß in Bewegung gesetzt würden. Auf die bescheidene Frage: Aber wer setzt denn wohl den „weltgeschichtlichen Prozeß" selber in Bewegung? Wer bringt diesen Kreisel zum Drehen und Brummen? bleiben freilich die Herren Geschichtephilosophaster neuester Sorte die

Antwort schuldig, gerade wie die ältester Sorte sie schuldig geblieben waren.

———

5. Juni.

Der Juni hat es sich allem nach in den Kopf gesetzt, seinen Vorgänger Mai noch zu überregnen. Er thut, als wäre er der Direktor einer Kaltwasserheilanstalt und die arme Erde seine Patientin, welche erbarmungslos durchfiltrirt werden müßte. Dicke, dumpfe Luft, Konciliumsluft; dazu ein eintönigfades Gießen, als regnete es neue Dogmen. Das ewige Geplätscher schläferte mich noch bei Tage ein — wenn man nämlich so ein grauschwarzes Schmiersal einen Tag nennen kann — und ich träumte allerlei närrisches Zeug. Unter anderem dieses

Gespräch auf dem Sirius.

Heinrich Heine. Buon giorno, Messer Niccolò. Wohin schon des Weges?

Niccolò Macchiavelli. Guten Morgen, Messer Enrico. Ich will zum Guckloch.

H. Ah, da komm' ich mit. Ihr seht also auch von Zeit zu Zeit die liebe gute runde Alte da drunten gern?

M. Gewiß. Auf unserem Sirius riecht es so kontinuirlich nach Unsterblichkeit und Langweile, daß es eine wahre Erquickung, mitunter eine Nase und Lunge voll Erdennarrheit heraufzuathmen. Vivat demnach unser Guck=, Horch= und Schnaufloch!

H. Von ganzem Herzen! Hier oben, so hoch über dem „wechselnden Mond" müßte man vor lauter Seligkeit rein des Teufels werden ohne das Loch, welches uns in Beziehung setzt mit dem alten Daheim, wo ich so viele hübsche Lieder gedichtet und so viele hübschere Lippen geküßt habe in meinen Tagen, wie Ihr, Herr Staatssekretär, in den eurigen sicherlich auch gethan.

M. In den Tagen der Borgia, wo denkt Ihr hin?

H. Bah, macht mir nichts weiß! Donna Lukrezia hatte ja Lippen, welche, wenn dem Pontanus zu glauben, selbst für ihren und der Christenheit sehr heiligen Papa einladend, zu einladend gewesen sind.

M. Klatsch!

H. Wie, Messer Niccolò, seid Ihr etwa unter die „Retter" gegangen?

M. Retter? Was ist das?

H. Das sind die Arbeiter in dem großen Schönfärbereigeschäft, welches ursprünglich durch den weltberühmten Geheimrath Lispeler von Hofsalbenheim gegründet wurde.

M. Zu welchem Zwecke?

H. Zum Schönfärben, natürlich. Seht, da hat z. B. unlängst so ein Retter eure scharlachene Donna Lukrezia in die Küpe getaucht und hat sie schneeweiß wieder herausgezogen.

M. Dumm!

H. Nicht so dumm, wie es aussieht. Gut zum Carrièremachen. Kultusminister und Oberstudienräthe kalkuliren: „Wenn so ein Retter in seinem unterthänigst beschränkten Unterthanenverstand längst verstorbene allerhöchste Wahnwitzige zu Weltweisen, kaiserliche, königliche und fürstliche Halunken zu Helden und dito Hetären zu Heiligen umschönfärbt, wie rücksichts= und ehrfurchtsvoll wird er erst jüngstverstorbene oder gar noch lebende Majestäten, Hoheiten, Durch= und Erlauchten, Eminenzen und Excellenzen anfassen! Der Mann muß verwendet und in eine Stellung gebracht werden, wo er seine gute

Bedientengesinnung propagiren kann." Schade, Messer Niccolò, daß Ihr eure Lehrzeit als Historikus und Politikus nicht in dieser Schönfärberei verbracht habt. Ihr hättet dann im „Principe", wo Ihr euren Landsleuten den Cesare Borgia als den Cavour der Renaissancezeit vormaltet, die Farben sanfter gemischt und gefälliger aufgesetzt.

M. Don Cesare der Cavour der Renaissance? Was ihr deutschen Tiftler doch nicht alles aus den Büchern herausklaubt! Es ist aber etwas daran, ich geb' es zu. Ein glücklicher Bursch übrigens, der Cavour. Meines Wissens der einzige Staatsmann, der ein großes Ziel erreicht hat mittels lauter Niederlagen.

H. Ja, per Bacco, er und seine Nachfolger. Ihr ließt euch, als Ihr den dante'schen Traum von der italischen Nationaleinheit in eurer Weise wiederträumtet, gewiß nicht träumen, daß und wie Italien die harte und steile Treppe zur Einheit hinauffallen würde. Custozza 1848, Novara 1849, San Martino 1859, wiederum Custozza nebst Lissa 1866, lauter Stufen der Hinauffallstreppe. Man könnte auch sagen, Italien sei zur Einheit gehauen, zugehauen worden.

M. Sitzet nicht, wo die Spötter sitzen.

H. Fällt mir nicht ein. Wozu auch spotten? Die bloßen Thatsachen bezeugen ja laut, daß, wer Glück hat, ein Regno d'Italia findet, wann er ausgegangen ist, eine Tambourmajorstochter zu suchen. Eure Landsleute sind schlau. Sie ließen sich hauen, um von vornherein den Neid zu entwaffnen, und wohl wissend, daß zu ihren Gunsten anderwärts andere ebenfalls gehauen würden. Es ist für uns Siriuser doch ein Halb- oder Ganzgötterspaß gewesen, mitanzusehen, wie das preußische Zündnadelgewehr, welches bei Sadowa „spritzte", die italische Trikolore auf die Masten vor San Marko hinaufschoß und wie die deutsche Kanone von Sedan aus in die Porta Pia Bresche legte.

M. Ja, mein armer, etwas duseliger Landsmann und Zeitgenosse Fra Savonarola würde das in seiner mystisch-visionären Sprache eine Ironie Gottes nennen.

H. Hm, ich vermuthe, meine arme Madame La France wird es lieber eine Ironie Satans heißen. „Wie bist du vom Himmel gefallen, oh Morgenstern!" Aber ich kann nichts dafür. Ihr wißt es, Herr Staatssekretär, daß ich nichts dafür kann; denn Ihr habt mir die kollegialische Ehre erwiesen, meine Schriften zu lesen, und könnt mir demnach bezeugen, daß ich die arme hübsche, jetzt so schrecklich zerzauste Madame oft und nachdrucksam gewarnt habe, den träumenden Riesen Michel nicht frivol und herausfordernd an seinem blonden Barte zu zupfen.

M. Ja, wer konnte aber auch ahnen, daß er so zuschlagen würde?

H. Ich ahnte, ich wußte es, und wär's in meiner dermaligen Stellung als Unsterblicher und Pfründner vom Sirius für mich schicklich, ein bißchen Pedant zu sein, so könnt' ich euch die Bände, Kapitel, Seiten und Zeilen meiner durch Strodtmann recht appetitlich edirten Opera citiren, allwo ich in Versen und Prosa die Franzosen bei Zeiten gewarnt habe.

M. Wohl; aber wie konnten sich vor zu befürchtenden Schlägen Leute warnen lassen, die, während ihnen von den empfangenen noch der Buckel

brennt, nicht zugeben wollen, daß sie welche ge=
kriegt? Ueberhaupt war und ist es immer und
überall das undankbarste Geschäft, als Kassandra
sich aufzuthun. Habe das zu meiner Zeit sattsam
erfahren. Die Dummlinge, welche doch allzeit und
allenthalben in der Mehrheit sind — und in was
für einer! — werden wüthend, wenn ein Geschei=
der sich herausnimmt, weiter zu sehen, als ihre
eigenen Dummlingsnasenspitzen reichen .... doch
da sind wir ja beim Guckloch.

H. Zieht doch gefälligst die Klappe auf, Mes=
ser Nicolò. Ihr wißt, ich war schon drunten in
meiner verdammten Matratzengruft in der Rue
d'Amsterdam so sehr „lauter Geist", daß ich nicht
mehr Hand noch Fuß regen konnte, und die Luft=
kur auf unserem Stern hat meine Kräfte noch lange
nicht wieder völlig hergestellt.

M. Uff! Das Scharnier muß eingerostet sein.
Ich glaube fast, wir beiden sind die einzigen Si=
riusbewohner, welche das Oeffnen der Klappe für
der Mühe werth halten.

H. Wohl möglich. Sagte mir doch erst gestern
mein lieber Feind und Kollege Börne grämlich, der

ganze Erdenkohl könne ihm gestohlen werden; es sei doch immer der alte, nur hin und wieder anders angerichtet. Was gibt es aber Neuestes drunten?

M. Das Neueste wird wohl ein neues österreichisches Ministerium sein.

H. „Bürgerlich oder romantisch?"

M. Ein Mischmasch, wie es mir scheint, ein Gemengsel, eine satura, wie die Römer, ein Schmarren, wie die Wiener sagen würden.

H. Wird auch bald wieder ausgeschmarrt sein.

M. Ihr meint doch nicht, daß diese Konkordatshebammeriche Bach, Thun und Komp. wieder obenauf kommen werden?

H. Wenn nicht diese, doch andere. Gebt acht, wir Unsterblichen werden es noch erleben, daß die ganze kunterbunte Bevölkerung Oesterreichs sich schließlich auf zwei Klassen reducirt, auf amtirende und auf pensionirte Minister.

M. Könnte wohl sein, falls das bröckelige Ding überhaupt noch so lange zusammenhielte. Habe doch vor Zeiten drunten und später von hier oben politische Monstra — wie nennt Ihr das auf Deutsch?

H. Mondkälber, denk' ich.

M. Also politische Mondkälber in Menge herumlaufen sehen; aber ein solcher Mondochse wie die sogenannte Ausgleichspolitik ist mir noch nie vorgekommen. Das Biest hat es mit seinem dummen Getrampel bereits dahin gebracht, daß die Deutschen, das einzige wirkliche Kulturvolk in Oesterreich, majorisirt sind und, so zu sagen, nur noch von der Gnade der Magyaren leben.

H. Schab't nichts. Um so bälder werden ihnen die immer noch viel zu katholisch=schläfrigen Augen völlig aufgehen. Laßt die Ausgleicherei nur ihre Wege wandeln. Sie ist das Scheidewasser, welches ein unnatürlich zusammengeleimtes Staatsgebilde in seine natürlichen Theile zersetzt. Das Ende solcher naturlos=mittelalterlichen Leimwerke naht überhaupt heran. Ich hätte es bei meinen Lebzeiten, als ich noch im Irrgarten des Kosmopolitik herumtaumelte, nicht zu glauben vermocht; jetzt aber weiß ich: die Schaffung des Nationalstaats ist die große Aufgabe und Arbeit des 19. Jahrhunderts. Die Centripetalkraft der nationalen Elemente ist unwiderstehlich.

M. Ihr meint, die Deutsch=Oesterreicher sollten dem Versuche entsagen, auf Grund der deutschen Kultur=Ueberlegenheit Oesterreich in einen modernen Staat umschaffen zu wollen?

H. Erinnert Ihr euch des Gewebes der Königin Penelopeia? Was die gute Weberin, genannt deutsche Verfassungspartei, in Oesterreich den Tag über mühsälig zusammenwebt, wird anderwärts über Nacht wieder aufgetrennt; nicht gerade von Penelopeienhänden, aber doch vielleicht von Weiberhänden, welche stark nach Weihwasser und Weihrauch duften. Wenn die Deutschen in Oesterreich klug und auf ihre Zukunft bedacht wären, würden sie das nachgerade lächerlich gewordene verfassungsparteiliche Spiel endlich aufgeben und sich einfach und resolut als nationale Partei organisiren und ausspielen.

M. Leicht gesagt, aber schwer gethan.

H. Leicht oder schwer, die Deutsch=Oesterreicher werden es bald thun müssen, wenn sie sich nicht darein ergeben wollen, die gebildeten Hausknechte der Magyaren und Slaven zu sein. Doch

horch, da drunten heult Einer, als ob er am Spieße
stäcke.

M. Per dio, 's ist der Unfehlbare! Er steht
an einem Fenster des Vatikans und schreit aus
Leibeskräften in urbem et orbem hinaus: „Wollt
ihr denn in's Dreiteufelsnamen nicht sehen, daß
ich ein Gefangener bin?"

H. Ich hab' ein Faible für den Alten. Er
ist wenigstens ergötzlich, unendlich viel ergötzlicher
als so ein richtiger lutherischer Oberkonsistorial=
bonze, der all sein Lebenlang keinem Menschen
Spaß macht, nicht einmal sich selber. Weilte ich
noch drunten in dem Fegfeuer deutscher Schrift=
stellerei, würde ich meinen lieben Maßmann ab=
schaffen und mir im Vatikan einen Ersatzmann
holen. Wahrlich, Messer Niccolò, ich wette, unser
„captif imaginaire" brennt eines schönen Tages
durch, damit die Jesuiten beweisen können, er sei
gefangen gewesen.

M. Hoffentlich brennt er durch. Ein durch=
gebrannter Vice=Herrgott ist eine lustige Person
mehr auf dem theatro saeculi . . . . Aber seht mal,
Messer Enrico, das ungeheuerlich aufgedunsene

Nebelgebilde, welches dort im Westen aufsteigt. Gebt mir doch euren Operngucker! Seht, seht, die Dunstmasse platzt, drei Milliarden Phrasen fallen heraus: „Nous sommes la grande nation, toujours la plus grande nation de l'univers!" Was ist denn das?

H. Das? Mon Dieu, das ist, d. h. war die den heiligen Boden Frankreichs von der Besudelung durch die deutschen Barbarenfüße befreiende freiwillige Nationalsubskription.

M. Wind also?

H. Wind, und daß diese kolossale Windblase überhaupt aufgeschwindelt werden konnte, zeigt mir zu meinem tiefsten Bedauern, wie die armen Franzosen durch den letzten Krieg nicht nur Provinzen und Milliarden, sondern auch ihren Esprit eingebüßt haben. Riesensummen wie die fraglichen bringt man mittels freiwilliger Beiträglerei nirgends auf, in keinem Lande, am wenigsten aber in Frankreich, wo man seit Jahrhunderten gewohnt ist, daß die Regierung und nur die Regierung alles mache. Zudem sind die Franzosen bekanntlich fast so geizig wie die Italiener.

M. Danke für das Kompliment!

H. Inkommodirt Euch nicht!.... Ja, schon im Frühjahr von 1871, als wir von da oben die platte Nachäfferei von 1793 mitansehen mußten, welche in Paris Mode war, sah ich mich leider genöthigt, an den Niedergang des französischen Geistes zu glauben. Derselbe scheint ja geradezu in das Stadium des marasmus senilis eingetreten zu sein. Vor etlichen Tagen theilte mir unser Mitsiriusbürger Alfred de Musset ein Buch mit, welches ihm durch die psychographische Post nagelneu aus Paris zugekommen war: — „Goethe" par A. Mézières. Neugierig schlug ich es auf, aber auch sogleich wieder zu, als mein Blick auf die Stelle der Vorrede gefallen war: „Goethe est trop supérieur à la race germanique, que nous l'acceptions comme son représentant." Auf Deutsch heißt das einfach: „Göthe ist eigentlich gar kein Deutscher, sondern vielmehr ein Franzos." Hätte wahrhaftig nie geglaubt, daß ein halbwegs anständiger französischer Autor einen solchen Kretinismus von sich geben könnte.

M. Sehe nicht ein, warum nicht. Jeder Franzos ist in seinen kindischen Nationaldünkel so fest eingewindelt, daß ihm alle Fähigkeit abgeht, die Gefühle und Gedanken anderer Nationalitäten nachzufühlen und nachzudenken. Einseitigeres als das Gallierthum hat die Welt nie gesehen. Es bleibt sich auch immer gleich, obzwar es in fortwährend quecksilberiger Bewegung ist. Die Franzosen sind heute noch auf und eben so, wie sie in meiner Zeit waren, als sie unter Karl VIII. nach Italien zogen, — ein immer und ewig zwischen Extremen hin und her tanzendes Volk, der Kenntniß anderer Völker entbehrend, ohne Wahrheitsgefühl und Gerechtigkeitssinn. Die komödiantische Eitelkeit, um jeden Preis und unter allen Umständen etwas vorzustellen, zu schauspielen, zu brilliren, hat in dieser Nation frühzeitig jene edle Schamhaftigkeit ausgelöscht, welche jede Art von Prostitution fernhält. Daraus erklärt es sich, daß die ganze Geschichte Frankreichs, allen den vielen und bedeutenden Talenten und liebenswürdigen Eigenschaften des Volkes zum Trotz, nur ein Fangball war und ist, welchen im raschen Wechsel die Despotie der Anarchie und diese wieder jener zuwarf und zuwirft.

H. Ihr sprecht ja salbungsvoll wie ein deutscher Pastor, dem eine vergilbte schwarzrothgoldene Uhrenschleife aus der Westentasche guckt. Was mich angeht, so will ich gestehen, daß ich, als die kommunistischen Mordbuben und die ekelhaften Steinöl-Mänaden um mein Grab auf dem Montmartre-Kirchhof herumtanzten, mich fürchterlich geschämt habe, in Frankreich begraben zu sein. Aber trotzdem kann ich nicht vergessen, wie lieb mir in meinen Erdentagen die Franzosen gewesen sind.

M. Von den Französinnen gar nicht zu reden.

H. Nun ja. Wie liebenswürdig wissen sie aber auch sich zu haben und zu geben!

M. Ihr habt es, kalkulir' ich, bis an euer selig Ende zu spüren gehabt.

H. Alter Schalk! Im Ernste, ich hoffe, das Franzosenthum ist noch elastisch genug, um wieder auf die Füße und wieder zu Verstande zu kommen. Bis dahin wird es dann wohl auch der Rachedurstkomödie, die es gegenwärtig so leidenschaftlich durchspielt, überdrüssig geworden sein.

M. Das glaub' ich nun nicht. Die französische Nationaleitelkeit ist ins Herz getroffen und das

Eisen steckt in der Wunde. Zudem trägt ja die schwarze Bande von überallher, auch aus Deutschland, unermüdlich Holz herbei, das Rachefeuer zu schüren. Ei, wenn es nur auf das Wollen der Franzosen und ihrer heimlichen Verbündeten ankäme, so würden wir die Mitrailleusen bald wieder kreischen hören. Aber es handelt sich um das Können, und maßen Frankreich dermalen eigentlich nicht viel mehr als ein Kadaver ist. . . .

H. Ja, wahrhaftig, es riecht wenigstens so. Spürt Ihr nicht auch den infamen Geruch, welcher zu uns aufsteigt, Messer Nicolò?

M. Oh, den haucht jener gelbe Pestbrodem, welcher, seht Ihr? dort aus dem Gerichtssal in Rouen herausdringt.

H. Puh! Die pure Fäulniß — Genug für heute — Es pestilenzt — Um's Himmelswillen schnell zu mit der Klappe! Pfui!

———

6. Juni.

Regen, Regen, Regen! Und dazu die herzzerreißenden Wassernothberichte aus Böhmen! Auch hier zu Lande schwellen die Gewässer zu mehr und mehr bedrohlicher Höhe. Wie mag es jetzt im Hochgebirge brausen und tosen! Ich möchte wohl mitansehen, wie die Aare in der Handeckschlucht rast. Alle die singenden Gletscherbäche haben sich sicherlich in brüllende Drachen verwandelt, vor denen Schrecken hergeht und hinter denen Verwüstung zurückbleibt. Was für Noth und Sorge in den einsamen Aelplerhütten! Ich fürchte sehr, die nächsten Stunden und Tage werden böse Botschaften bringen. Die ganze Ohnmacht des Menschen gegenüber den Naturgewalten fiel mir schwer auf die Seele. Ich mußte der lächerlichen Ueberhebung so vieler unserer Naturwissenschäftler denken und mir klangen im Ohre die Verse aus dem Buche Hiob:

„Kannst Blitze du entsenden, daß sie gehen
Und zu dir sagen: Siehe, wir sind da!?
Kannst du zur Wolke deine Stimm' erheben
Und ihr gebieten: Schließe deinen Schoß"!?

Zu nichts Besserem aufgelegt, hatte ich eben zu dem Buche „Le dernier des Napoléon" (Paris 1872) gegriffen, als ein Bekannter mich besuchen kam. „Ich wette — sagte er — schon auf dem

ersten Halbhundert von Seiten ist irgendwo von
den ewigen Pendules die Rede, welche die Preußen
in Frankreich gestohlen haben sollen. Diese Pen=
dule-Phrase ist seit 1870 im Schädel von Madame
Gaule so fix geworden, wie es früher die Gloire=
Phrase gewesen ist. Keinem jetzt erscheinenden fran=
zösischen Buche darf sie fehlen, und es ist sehr
glaublich, daß Viktor Hugo dermalen an einem
neuen Kapitel zu seiner „Légende des siècles"
dichtet, welches er „Les pendules emportées" be=
titeln und worin er die ganze Weltgeschichte so=
zusagen pendulisiren wird."

Und richtig, wir hatten in dem Buche nicht
weit zu blättern, bis wir (pag. 22) auf die Stelle
stießen: „Les Prussiens, en effet, n'ont pas seule-
ment emporté les pendules, ils ont emporté
l'honneur et l'avenir de France."

Der Verfasser des Buches hat sich nicht genannt,
und diese Anonymität ließ der buchhändlerischen
Reklame den weitesten Spielraum. Hat sie doch
neben dem Jesuitenpater Fischer, welcher bekanntlich
in der Geschichte des Erzherzogs Maximilian eine
so unheilvolle Rolle spielte, auch den Grafen Beust

als Autor bezeichnet. Wer aber den Verlauf des „Trauerspiels von Mexico", wer die Akteurs und Aktricen desselben kennt, dem mußte sich bei der Lesung des Buches sofort die Ueberzeugung aufdrängen, daß der Verfasser kein anderer sei, als der belgische Staatsrath Eloin, gewesener Kabinets-Chef des unglücklichen Maximilian. Stände dies nicht fest, so könnte man beim Lesen häufig auf den Einfall kommen, das von Galle und Gift gegen Deutschland überschäumende Buch müßte aus den Sakristeien, Kabinetten und Boudoirs kommen, in welchen die einheimischen Feinde Deutschlands ihre Verrätherreien planen. Auf mancher Seite der Schrift kettelert, welft und windthorstet es förmlich. Anderwärts floskelt eine akademisch gewürzte Salbung, als spräche Monseigneur Dupanloup. Wo unser Belgier speciell gegen Preußen wüthet, glaubt man eine gewisse in Deutschland geborene und auf einem der mehreren in Europa überflüssigen Throne sitzende Königin zetern zu hören. Papalist und Legitimist, bekennt sich Herr Eloin zu dem Despotismus eines vierzehnten Ludwig — den er mit Emphase immer „Louis le

Grand" nennt — als zu seinem Ideal. Die Revolution ist ihm nur „la hideuse mégère". Der Mann wird ganz beredt, wenn er auf die Ausschreitungen des Terrorismus und die Orgien der Direktorialzeit zu reden kommt. Von den Ausschreitungen und Orgien des ancien régime, von der „terreur blanche" und dergleichen legitimistischen und frommen Dingen mehr weiß er nichts. Mit dem bonaparte'schen Frankreich geht er streng ins Gericht. Er bezeichnet die Franzosen als eine herabgekommene, in völliger Zersetzung und Fäulniß begriffene Rasse. Trotzdem läßt er immer wieder durchblicken, daß ihm eigentlich Frankreich doch die Centralsonne der Welt sei, um welche die übrigen Staaten und Stäätlein in Demuth als dienende Gestirne und Gestirnlein sich zu drehen hätten. Nur Frankreich ist zu national-staatlicher Existenz berechtigt, Deutschland und Italien dagegen müßten von rechtswegen zersplittert bleiben, um Frankreich mehr Relief zu geben. Im übrigen ist der Ton des Buches sehr ungleich. Wo es auf Preußen, auf den König Wilhelm, auf Bismarck, auf das „Empire germanique sous le sceptre brutal d'un Hohenzollern" zu reden kommt, macht der blinde Haß den Autor ganz dumm, und er fällt dann ins Vulgäre, Fade und Absurde. Hier macht sich der Mangel an Autopsie überall fühlbar, und man merkt gar zu leicht, daß der Verfasser seine Schmähungen und Schimpfworte aus zweiter Hand hat, aus der widerdeutschen Trödelbude, welche französische Schmierlinge der ordinärsten Sorte in Gemeinschaft mit englischen, czechischen, polnischen, rumänischen Kraut- und Unkrautjunkern, welschen und deutschen Jesuiten, pseudo-demokratischen Hannswursten und partikularistischen Pickelhäringen errichtet und mit Sechskreuzerwaaren ausstaffirt haben. Dagegen wird das Buch recht unterhaltlich, wenn der Verfasser die bonaparte'sche Bande analysirt und das Kadaver des zweiten Empire unter das Secirmesser nimmt. Da wetteifert er glücklich mit der „Historia arcana" des Prokopius, nur spricht er mit mehr Decenz. Kaiser oder gar Kaiserinnen so splitternackt vorzuführen, wie der alte Byzantiner es gethan, ist heute nicht mehr schicklich. Auch genügt es ja, zu sagen, daß die Gemahlin Napoleon's III. gewiß nicht weniger fromm gewesen als die weiland Gemahlin Justinians. Unser Autor ist auf diesem Gebiete augenscheinlich wohlunterrichtet. Im Ganzen zwar weiß er der abenteuerlichen Geschichte des verflogenen Holländers nichts des Neuen beizufügen, wohl aber bringt er im Einzelnen da oder dort einen ebenso neuen als netten Zug bei. Sein Gesammturtheil faßt er in einer Note zusammen in den Satz: „Schneidende Ironie: Frankreich, wo die Revolution alles gefälscht hat, Geschichte, Doktrin und Moral; Frankreich, wo alles entweder Betrug oder Komödie ist, dieses Frankreich hat sich, um das Gemälde zu vervollständigen, einem Pseudo-Napoleon zu Füßen geworfen und hat zwanzig Jahre lang einen falschen Demetrius angebetet!"

Was unsere Nachfahren dazu sagen werden? Zweifelsohne dieses: „Was muß das für ein jämmerliches Geschlecht gewesen sein, welches sich von einem solchen Menschen beherrschen ließ!" Denn, wohlverstanden, es wäre lächerlich, in Abrede stellen zu wollen, daß unser verflogener Holländer nicht allein Frankreich, sondern auch Europa nahezu zwanzig Jahre lang beherrscht hat. Schmachvolleres,

Demüthigenderes läßt sich kaum denken und da hilft kein Vertuschen, kein Bemänteln, kein Schönfärben. Es ist so: der Sohn der Hortense Beauharnais, der Falstaff von Straßburg, der Hudibras von Boulogne, hat in der zweiten Hälfte des 19. Jahrhunderts Europa beherrscht, und ihr, der vornehme und der gemeine Pöbel, ihr habt vor dem elenden Götzen gekniet und geräuchert. Ihr schämt euch jetzt dieser schnöden Thatsache? Ihr möchtet sie vergessen wissen? Nein! Sie soll nicht vergessen, sie soll immer wieder aufgefrischt werden und euch das Gesicht von Schamröthe brennen machen. Wer damals nicht mit euch vor den Bovist hinkniete, hatte manches zu leiden; ich weiß davon zu erzählen. Darum will ich mir zum Vergnügen und euch zur Buße euer gewesenes Jdol in seiner ganzen kläglichen Blöße vor euch hinstellen. Je mehr ihr euch ärgert und schämt, desto gesunder ist es für euch.

 Kommt her, da habt ihr

Die abenteuerliche Geschichte vom verflogenen Holländer.

Le titre que j'ambitionne le plus, est celui d'honnête homme.
Louis Napoléon Bonaparte.
Ce n'est pas en mes mains que la France périra.
Napoléon III.
Nemo imperium flagitio compertum bonis artibus exercuit.
Cornelius Tacitus.

1.

Ueber die Herkunft des russischen falschen Demetrius sind die Historiker noch heute nicht endgiltig einig und vermuthlich werden über die Herkunft des französischen, was die väterliche Seite angeht, nach etlichen Jahrhunderten ebenfalls noch gelehrte Abhandlungen und Streitschriften verfaßt werden. Die Mutter ist unbestritten die schöne, anmuthige Hortense, gemacht zum Verführen und zum Verführtwerden — „la séduction même" — die Tochter einer Mutter, von welcher zur Zeit des ersten Empire gesungen oder vielmehr gewispert worden war:

.... „Suivant du hasard l'impulsion propice,
Passa de lit en lit au rang d'impératrice."

Der Kardinal=Onkel oder Onkel=Kardinal Fesch — alte Priester sind meistens sehr ungalant —

pflegte zu sagen: „Hinsichtlich der Väter ihrer Kinder wird sich Hortense nie zurechtfinden; die Rechnung ist zu verwickelt." Die Titular-Königin von Holland hat sich jedoch vermuthlich mit dieser Rechnung gar nicht den hübsch geformten Kopf zerbrochen. War doch ihre Zeit durch anderes vollständig ausgefüllt: in jungen Tagen durch galante Intriken, in alten durch galante und politische. Sie gebar drei Söhne, welche in aller Form dem guten Titular-König Louis amtlich auf Rechnung gesetzt wurden. Er konnte mit seinem Protestiren nicht dagegen aufkommen. Hortense's ältester Sohn starb im März 1807 im Haag. Den muthmaßlichen Vater des Kindes signalisirte ein anonymer Juvenal des ersten Kaiserreiches, indem er Napoleon I. in Beziehung auf seinen Bruder Louis sagen ließ:

„Son épouse, d'ailleurs, qui fut d'abord la mienne,
Pourra, quoiqu'il arrive et quoiqu'il entreprenne,
L'aider de sa sagesse et lui servir d'appui:
Car si je la formai si bien, ce fut pour lui."

Der zweite Sohn Hortense's, von ihrem Gemahl ausdrücklich auch als der seinige anerkannt,

starb im März 1831 zu Forli und zwar, wie ent=
schieden zu vermuthen steht, eines gewaltsamen
Todes von der Hand seiner Mitkarbonari, da ihm
Muth und Wille versagt hatten, eine schon zum voraus
vergeckte Insurrektion gegen den Papst weiter mit=
zumachen. Auch Hortense's dritter Sohn, Louis
Napoleon, war damals in Forli anwesend und
hörte mit an, wie sein Mitkarbonari Orsini —
der Vater des Bomben=Orsini vom 13. März 1858
— seinem Bruder zusetzte. Der dreiundzwanzig=
jährige Verschwörer gerieth darob in jenen Zustand
der Verdatterung, welcher die Leute, mit Rabelais
zu reden, gelb phantasiren macht, und koncentrirte
sich, um die strategischen Bewegungen seiner Mit=
verschworenen „nicht zu geniren" — mit Gambetta
zu sprechen — bei Nacht und Nebel rückwärts auf
Ankona, allwo ihn seine Mutter, welche auf der
Suche nach dem theuren Söhnlein war, aufpackte
und nach Paris fuhrwerkte. Dort hat sich der
König Louis Philipp sehr zuvorkommend und
freundlich gegen sie benommen, bis Madame aus
den schwarzen Crêpe=Manchetten ihrer rührenden
Strohwittwen=Verlassenheit die Krallen der bona=

parte'schen Zettlerin und Ränklerin allzu lang und allzu ungenirt hervorstreckte.

Die Sympathie mit dem Bonapartismus — auch wenn sie nur eine schaugespielte gewesen — war eine der Hauptdummheiten, welche der Louis=Philippismus begangen hat. Der „Bürgerkönig", der „Friedensfürst à tout prix", unterstützte aus Leibeskräften die unheilvollen Bemühungen der napoleonischen Mythologen Béranger und Thiers, dem Bonapartismus abermals eine Stätte in Frankreich zu bereiten. Der abgeschmackte Götzen=dienst, welchen Louis Philipp mit der heimgeholten „Asche" des nicht genug zu vermaledeienden Ty=rannen treiben ließ, zeigte wieder einmal klärlich, daß gerade die pfiffigsten Pfiffici mitunter die albernsten Streiche machen. Und mit dem Bourgeoisie=Königthum zugleich ist auch die republikanische Opposition in unbegreiflicher Verblendung dem Bonapartismus zu Hofe geritten. Man kennt die Beziehungen, welche Armand Carrel und später Louis Blanc zu dem „Prinzen" Louis Napoleon hatten. Der Verfasser des Narrenbuches „L'or=ganisation du travail" war Narr genug, eine

Weile durch die „socialiſtiſchen" Nebelphraſen des Gefangenen von Ham ſich narren zu laſſen. Proudhon, der unbarmherzige Vernichter aller „ſocialiſtiſchen" Narretheien und Gaunereien, er allein hat ſich durch die ſüße Lockpfeife des Bonapartismus niemals bethören laſſen und hat bekanntlich auch dem „Prinzen" ein ganz richtiges Horoſkop geſtellt. Aber franzöſiſche Ohren ſind nicht ſo gebaut, daß ſie eine Stimme wie die Proudhons hören wollten oder verſtehen könnten. Die ungeheure Mehrzahl der Franzoſen hatte ihre helle Freude an der Koketterie und Buhlerei, welche der franzöſiſche Liberalismus in ſeiner ſtupenden Stupidität dreißig Jahre lang, von 1818 bis 1848, mit der bonaparte'ſchen Legende getrieben hat. Nur dieſe Buhlerei erklärt die Möglichkeit des zweiten Empire. Die Konſtitutionellen und die Republikaner haben den Kaiſermantel des „Prinzen" geſponnen, gewoben, zugeſchnitten, genäht und geſtickt. . . .

„Monseigneur le Prince?" — Unmittelbar nach ſeines Sohnes tragiſchem Ende zu Forli ſchrieb der Ex-Titularkönig von Holland aus Florenz an den Papſt einen Brief, worin er ſeinem

Schmerze Ausdruck gab, daß er seinen Sohn und daß er ihn so habe verlieren müssen. Dann setzte er hinzu: „Was den anderen angeht, welcher meinen Namen usurpirt, so geht derselbe, Ihr wißt es, heiliger Vater, mich nichts an (ne m'est rien). Ich bin so unglücklich, d'avoir pour femme une Messaline qui accouche" — u. s. w. An Deutlichkeit läßt diese Sprache nichts zu wünschen übrig und einige Uebertreibung mag man einem Schicksalsgenossen des armen Kaisers Klaudius schon verzeihen.

Im Jahre 1807 begab sich die vielgeliebte Tochter Josephine's in das Pyrenäenbad Saint-Sauveur, welches die Fruchtbarkeit der Frauen sehr befördern soll. Das Bad that in der That seine Schuldigkeit; umsomehr, da in dem Nachbarbad Cauterets der liebenswürdige holländische Admiral Verhuell sich aufhielt, der damalige Busenfreund der Königin von Holland. Als der feine Hofmann, der er war, kam der Admiral häufig nach Saint-Sauveur herüber, um Ihrer Majestät seinen Respekt zu bezeigen, und wenn zu diesen Erweisungen holländischer Unterthanen=Loyalität die Tage nicht lang genug waren, nahm man die Nächte zur Hilfe. Ein Jahr weniger drei Monate später, also im April von 1808, brachte Hortense den künftigen Kaiser Napoleon III. glücklich zur Welt.

Wenn der alte „Morgen=Wieder=Luschtik"=Jérôme kein Geld mehr hatte, was ihm häufig begegnete, ging er zu seinem „kaiserlichen Herrn Neveu" in den Tuilerien, um neuen Vorrath nervi rerum zu heischen. Mitunter wurde der „Herr Neveu", zu dessen Lastern der Geiz keineswegs gehörte, über die ewige Steifbettelei brummig und ließ wohl auch eine Anspielung fallen, daß der Kaiser, der echte, auf St. Helena seinen jüngsten Bruder den lüderlichsten aller Menschen genannt habe. Dann fuhr der alte Morgen=Wieder=Luschtik auf: „Der Kaiser? Was geht Euch der Kaiser an, Herr Neveu? Der Platz, den Ihr einnehmt, gehört eigentlich uns; denn Ihr habt, wie Ihr gar wohl wißt, keinen napoleonischen Blutstropfen in den Adern." — „Wohl", gab der Herr Neveu mit seinem gewohnten Phlegma den Stoß zurück — wohl, aber die napoleonische Familie hab' ich auf dem Buckel."

Das wahrste und zugleich witzigste Wort,

welches der angebliche Neffe des vorgeblichen Onkels jemals gesprochen. Man könnte sogar sagen, daß es das einzige wahre Wort gewesen, welches jemals von seinen Lippen kam. Natur und Erziehung hatten ihn zum Lügen=Louis geformt. „Spricht der Kaiser viel?" fragte eines Tages eine Lady den Lord Cowley, englischen Gesandten in Paris. „Nein, er spricht wenig, lügt aber viel," gab der Gefragte zur Antwort,

Bekanntlich hat der Sohn Hortense's das wenige, was er wirklich lernte, in einem deutschen Gymnasium, dem von Augsburg, gelernt. Für einen Kaiser der Franzosen hätte es schon ausgereicht. Aber daß Louis durch seine augsburgischen Gymnasiasten=Reminiscenzen, verquickt mit cäsarischem Selbstgefälligkeitsschwindel, sich verleiten ließ, als Historiker glänzen zu wollen, das war vom Uebel. Man weiß, mit welchen ungeheuren Kosten der kreißende Berg die lächerliche Maus gebar: „La vie de César". Nie, so lange es Bücher gibt, ist ein so kolossaler Apparat aufgewendet worden, um ein Buch zu machen, und niemals ist so „viel Lärm um nichts" erhoben worden. Natürlich stan=

den sofort ein deutscher Uebersetzer und ein deutscher Verleger bereit, den kaiserlichen Basel von Buch auch den Deutschen "allgemein zugänglich zu machen", und deutsche Gelehrte setzten die in Speichelleckerlingen verfertigten Lobhudelposaunen an und bliesen darein, daß ihnen fast die Backen barsten und sie ihre französischen Konkurrenten in schamloser Schmeicheleimusik glücklich niederlobhudeldudelten.

Man wünscht das jetzt in Deutschland todtzuschweigen. Aber es soll nicht todtgeschwiegen werden, so wenig wie die andere Thatsache, daß auch die deutschen Spekulanten in der weitesten Bedeutung des Wortes, so lange das Schwindel-Empire des jetzo verflogenen Holländers florirte, in Bewunderung vor und in Begeisterung für Napoleon III. förmlich zerflossen. Ueberhaupt, wie wurde der Flug des Holländers überall bestaunt und gepriesen! Daß derselbe aus einem pestilenzischen Pfuhl von Lug und Trug, von Gaunerei und Verrath, von Meineid und Mord aufgestiegen, durfte in der "guten Gesellschaft" kaum noch erwähnt werden. So sehr hatte besagte gute Gesellschaft, gerade wie ihr Abgott, der fliegende Holländer selbst, alles und jedes Gefühl des Unterschieds von Recht und Unrecht, Ehre und Schande, Verdienst und Verbrechen vollständig eingebüßt. Das ist ja gerade das Hauptcharaktermerkmal des Lügen-Louis, daß er von Kindheit an das Gefühl der Wahrheit systematisch in sich vernichtete, nachdem ihn die verzehrende Ehrsucht seiner Mutter zu der Rolle des falschen Demetrius von Frankreich sozusagen schon als Säugling dressirt und angeleitet hatte. Als nach dem 1832 erfolgten Tode des Herzogs von Reichstadt die Demetrius-Rolle aus dem Traumreich auf die Bühne der Zeitgeschichte herübergeführt werden konnte und wirklich herübergeführt wurde, mußte Louis sicherlich schon, daß sein napoleonischer „Stern" in Wahrheit nur eine lumpige Schnuppe, nur eine elende Lüge sei. Aber diese Lüge war ihm schon zum Leben, zu seinem zweiten, nein, zu seinem ersten Ich geworden, und er mußte in seiner fixen Idee künftiger Kaiserschaft noch bestärkt werden durch die über alle Gewissensbedenken weit hinweggehobene Bande von Katilinariern aller Farbenschattirungen, welche an dem unsaubern

Hofe seiner Mutter auf dem Arenenberg im Thurgau ab- und zugingen, das Angenehme mit dem Nützlichen, die Ausschweifung mit der Verschwörung, die Kuppelei mit dem Komplott verbindend.

In solcher Umgebung war der „Prinz" auf- und mehr und mehr in jene Anschauungsweise hineingewachsen, für welche die Gränzlinie zwischen Gut und Bös nicht existirt und demnach auch nicht eingehalten werden kann. Er sah nichts als die in der Ferne schimmernde Kaiserkrone und er schritt nicht, er taumelte vielmehr darauf zu, gleichviel, ob der Weg durch den stinkendsten Schmutz oder durch dampfende Blutlachen ginge. Hatten doch nicht allein Erziehung und Gewöhnung, sondern auch frühzeitige Ausschweifungen den Sohn Hortense's bis zu jener moralischen Stumpfheit hinabblasirt, welche völlig gleichgiltig auf die Leiden anderer blickt und die eigene Verächtlichkeit hinter dem Vorhange der Menschenverachtung zu verbergen sucht.

Die Fähigkeiten des „Prinzen" sind von seinen Vertrauten nie überschätzt, von seinen Gegnern aber häufig unterschätzt worden. Er war immer und blieb bis zuletzt ein wunderlicher Mischmasch von holländischem Phlegma, das er vom Vater, und von kreolischer Phantasterei, die er von der Mutter hatte. Wie der Wuchs seines Körpers, so ging auch der seines Geistes in keiner Weise über das Mittelmaß hinaus. Unter seiner Schädeldecke braute eine träge Nebelschicht und mitten in dieser glimmte matt sein „Stern", d. h. seine fixe Idee. Diese machte ihn zum Affen des Verbrechers vom 18. Brumaire. Sein ganzes Wesen und Gebaren war äffisch: er hat nie einen eigenen Gedanken gehabt. Eigentlich auch nie einen eigenen Willen; denn ungeachtet seines phlegmatischen Eigensinnes, welcher nicht selten wie idiotische Halsstarrigkeit aussah, ist ihm doch alles von außen her eingebildet worden. Daher der Mangel an wirklicher Konsequenz in seinen Unternehmungen, daher die Halbheiten, das Abgleiten, die faule Unschlüssigkeit, das nebelnde Herumtasten, wechselnd mit plötzlichem frechen Dreinfahren, wenn der Anstoß, welchem er gerade gehorchte, ein energischer war.

An diesem Menschen hat sich Göthe's Wort: „Niemand glaube die Eindrücke seiner Kindheit je verwinden zu können" — traurig bewahrheitet. Aufgewachsen in einer Atmosphäre von Verschwörung, blieb er ein Verschwörer sein Lebenlang. Und noch dazu nicht ein Verschwörer aus erster Hand wie Mazzini, sondern nur aus zweiter und dritter. Seine ganze Politik von A bis Z, vom Arenenberg bis nach Chiselhurst war dilettantische Verschwörerei. Weiter reichten weder seine Gaben noch sein Charakter. Sein Gewissen, wenn er jemals eines besessen, hatte er beizeiten abgeschafft. Sittengesetz, Recht, Pflicht, Ehre, Redlichkeit sind ihm demzufolge nur gelegentlich anzubringende Phrasen und Dekorations-Schnörkel gewesen. Er wohnte in der Lüge, als in seinem Prätorium. Der Staat war für ihn nur die Domäne seiner gemeinen Selbstsucht, Frankreich nur die von Prätorianern und Pfaffen bewachte Geldkiste, aus welcher er für sich und seine Bande die Mittel zu egabalischer Prasserei und Schwelgerei schöpfte.

Und dieser mittelmäßige Kopf und schwache Charakter, dieser ordinäre Gaukler, welcher als Militär eine rein lächerliche Figur und als Staatsmann allzeit entweder die Marionette oder der

Dupe anderer gewesen ist, hat Frankreich nahezu zwanzig Jahre lang despotisirt und alle Börsen Europa's in fieberhafter Aufregung erhalten! Ja, das gerade ist die vis comica in dieser traurigen weltgeschichtlichen Komödie, daß der scheinbare Autokrat an der Seine in Wirklichkeit stets ein gegängeltes Werkzeug von allen war, welche seine fixe Idee, seinen Egoismus und seine Eitelkeit auszunützen verstanden. So haben ihn die Fialin, Morny, Mocquard, Saint=Arnaud und Fleury als Prätendenten=Marionette tanzen lassen und so haben ihn als Kaiser nach einander Palmerston, Cavour und Bismarck zu ihrem Handlanger und Dupe gemacht. . . .

Laßt uns das Narrenspiel etwas näher ansehen!

2.

Was am 30. Oktober von 1836 auf dem Hofe der Finkmattkaserne in Straßburg und was am 6. August von 1840 am Strande von Boulogne geschehen ist, weiß jedermann. Unser Nebelheimer von Holländer und Verschwörer machte da seine

ersten Versuche im Kaiserflug. Beidemale endigten
dieselben ganz kläglich. Das straßburger und boulogner Abenteuer, sie gehören zu den burlesksten
Scenen, welche jemals über die Bretter des Welt-
theaters gegangen sind. Gränzenlose Frechheit
schlug zu unerhörter Lächerlichkeit aus. Ein übel-
riechender Mischmasch von Halbcretins und Ganznarren, Spielern, Schuldthurmflüchtigen, uniformir-
tem Gassenkehricht, fahrenden Dirnen und sonsti-
gem Abschaum scharte sich um ein kleines Kerlchen
mit einer unabenbländisch großen Nase, das in den
Stiefeln von Wagram stak, den Ueberrock von
Marengo an- und den Hut von Austerlitz aufhatte
— die denkbar groteskeste Karikatur der napoleonischen „Gloire". Zweimal zog diese Bande aus,
ein großes Reich zu erobern, bewaffnet nur mit
einer fixen Idee, mit einem Namen, welcher bloß
eine falsche Münze, nichts als eine dumme Schnurre
war, und zweimal hatte Europa Gelegenheit, den
unsäglich komisch vergeckten Wiederaufgang des bonaparte'schen „Sternes" mit schallendem Hohnge-
lächter zu begrüßen.

Aber Europa that unrecht, zu lachen. Es werthete die Macht der Dummheit viel zu wenig und wußte nicht, wie weit die Franzosen durch den Napoleon-Kult und durch das bürgerköniglich-guizotische „Enrichissez-vous!" intellektuell und moralisch herabgekommen waren. So weit, daß sie eines Tages die stupide Schamlosigkeit begehen konnten, den Hampelmann von Straßburg und Boulogne als ihren Heiland zu begrüßen. Selbst der Superlativ von Lächerlichkeit hatte das Napoleon-Phantom nicht umzubringen vermocht. Jetzt rächten sich am Bourgeois-Liberalismus seine beiden Sünden, die napoleonische Mythologie geschaffen und den Volksunterricht schandbar vernachlässigt zu haben. Der Ueberrock von Marengo, der Hut von Austerlitz und die Stiefeln von Wagram brauchten sich unter günstigen Umständen nur in Frankreich zu zeigen, um dem falschen Demetrius von seiten des „mündigen" und „souveränen" Volkes die Anerkennung als Neffe des Onkels zu verschaffen.

Die günstigen Umstände wurden durch die Ereignisse von 1848 herbeigeführt. Man kennt die jämmerliche Geschichte der am 24. Februar improvisirten Republik ohne Republikaner. Die Franzosen, welche sich für Republikaner hielten und ausgaben, waren in Wirklichkeit entweder socialistische Träumer und Windhaspel, welche in Utopien herumtaumelten, oder kommunistische Gierlinge, welche über Frankreich die Anarchie verhängen wollten, um aus der Schmutzflut derselben die Mittel zur Befriedigung ihrer gemeinen Gelüste und Begierden herauszufischen. Beiderlei Thoren und Frevler mitsammen haben mittelbar und unmittelbar die pariser Junischlacht von 1848 herbeigeführt und die Bonapartisten haben ihnen emsig dabei geholfen, wie ja der Bonapartismus bekanntlich schon früher und auch später keinen Anstand nahm, nach Bedarf die rothe Blouse anzuziehen, was die rothe Blouse ihrerseits damit vergalt, daß sie sich, und zwar sehr häufig, gegen gute Verköstigung als bonaparte'scher Mouchard gebrauchen ließ. Der verhallende Kanonendonner der Junischlacht war die Unehrensalve über dem Grabe der Februar=Republik. Ihr Name spukte zwar noch etliche Jahre lang in den Spalten der Zeitungen, aber sie selber war ab und todt und begraben, denn im Dezember von 1848 wurde unser Holländer, jetzt glücklich zum fliegenden geworden, Prinz=Präsident.

Die Franzosen, der Freiheit unfähig und un= würdig, weil ihnen das Rechts= und Pflichtbewußt= sein abhanden gekommen, hatten wieder, was sie wollten: einen Herrn, und Mandrin präparirte mit seinen Spießgesellen im Elysée die Mittel zum Ein= bruche in die Tuilerien.

Erhebt man sich mittels der Montgolfiere des Humors in die Vogelperspektive=Sphäre der Welt= verachtung, so kann man an der Comedia de capa y espada, deren Hauptschauplätze in der Zeit von 1849—1851 das Palais Bourbon und das Elysée gewesen sind, eine sozusagen diabolische Freude haben. In Wahrheit, von diesem höheren Standpunkte herab nimmt sich das Gegen= und Zusammenspiel des Lumpen= und Halunkenthums recht ergötzlich aus. Die royalistischen Parteien zerrten den trikoloren Mantel der todten Republik wüthend zwischen einander hin und her, hinüber und herüber, bis ihnen derselbe in einer wüsten Winternacht unversehens unter den Händen weg=

gestohlen wurde, um, in den Blutlachen der Boulevards-Schlächterei zum kaiserlichen Purpur umgefärbt, auf den Schultern des fliegenden Holländers zu erscheinen, welchen die Republikaner als einen „Niais" verspottet und welchen Orleanisten und Legitimisten als einen bloßen Bohrwurm der Republik gebrauchen und verbrauchen zu können gewähnt hatten.

Der Mordbubenstreich vom 2. bis 4. Dezember 1851 und sein Erfolg zeigten einer blasirten Welt, was das schamlose und vom Glücke begünstigte Verbrechen wagen durfte inmitten einer dem plumpsten Dienste der Materie verfallenen Gesellschaft, welche keinen anderen Gott mehr kannte als das Geld, keinen anderen Tempel mehr hatte als die Börse, an kein anderes Ideal mehr glaubte als an den Bauch. Die Zeit von 1852—1870, die Zeit des zweiten Empire, war für Frankreich und für Europa eine Epoche bodenloser Infamie. Nur in den verworfensten Perioden der Geschichte haben die Menschen so frech und zügellos wie in dieser die höllische Dreifaltigkeit: Mammon, Belial und Astarot angebetet.

Je ruchloser aber der 2. Dezember war, d. h. die von Koth und Blut dampfende Orgie des Rechtsbruches, des Raubes, der Heimtücke und Grausamkeit, mit um so lauterem Jubel wurde sie von der gesammten offiziellen Welt Europa's begrüßt. Die Höfe jauchzten, der Statthalter Christi frohlockte, die Pfaffen tedeumten, die Geldsäcke klirrten vor Entzücken. Ein meineidiger Bösewicht war der mit Bewunderung und Zärtlichkeiten überschüttete Liebling aller „Leute von Welt" geworden, welche in das von der Dezember-Bande gebrüllte: „Vive l'Empereur!" jubelnd einstimmten.

Achtung dem Andenken des Caren Nikolaus, dessen autokratischer Stolz es wenigstens verschmähte, dem fliegenden Holländer zu huldigen, und der die Verachtung, welche ihm der glückliche Verbrecher einflößte, nicht verhehlte.

Freilich, als die „gerettete" Gesellschaft ihren Bal von Abgott etwas schärfer ins Auge faßte, machte der Rausch ihrer Begeisterung und Andacht allmälig der Ernüchterung Platz. Es mußte doch im Auslande auffallen, daß nicht ein einziger Franzose, welcher auch nur um einen Zoll über das intellektuelle und moralische Niveau der Gewöhnlichkeit emporragte und auf Selbstachtung Anspruch machte, für das Empire sich gewinnen ließ. Da und dort an den Höfen und in den Kanzleien begann man sich ein bißchen zu schämen, seine Freude am 2. Dezember so überschwänglich an den Tag gelegt zu haben. Auch Friedrich Wilhelm IV., der unter den lautesten Beifallsbezeigern vorangestanden hatte, fand den Abenteurer auf dem Throne von Frankreich bald nicht mehr so „romantisch", wie er sich denselben vorgestellt hatte. Das bekannte Beschwichtigungswort „L'empire c'est la paix" machte die Leute stutzig. Selbst die bornirteste Rückwärtserei mußte sich erinnern, daß der, welcher dieses Wort gesprochen, sein Leben lang ein Lügner jeder Zoll gewesen sei. Die Höfe fuhren zwar fort, das „Genie" und Glück Napoleon's III. zu adoriren, versagten aber doch die Gefälligkeit, dem neugebackenen Kaiser eine Kaiserin von „blauem Blut" zu liefern. Daraufhin beging unser doch längst ins Schwabenalter eingetretene Nebelheimer die juvenile Thorheit, in die rothen Haare und in die weißen Schultern von Mademoiselle de Montijo

sich zu verlieben, und maßen Mademoiselle dies=
mal klug war und erklärte, der Weg in ihr Schlaf=
zimmer ginge nur durch die Kirche, so schlug
ihr Liebhaber diesen Weg ein und heiratete die
Donna, welche ihm hinsichtlich seiner Legitimität ge=
rade so viel oder so wenig vorzuwerfen hatte, als er
ihr hinsichtlich der ihrigen.

Die Herrlichkeit, Pracht und Lust wurden nun
groß am Hofe von Babylon. Auch ein Stamm=
halter stellte sich gefälligst ein. Die Nemesis war
schlafen gegangen oder schien wohl gar gestorben
zu sein.

Ein deutscher Maler hat unlängst eine Orgie
der sieben Todsünden gemalt. Er hätte den Schau=
platz in die Tuilerien zur Zeit des zweiten Empire
verlegen sollen. Wer die Schwelle dieses Palastes
überschritt, verließ ihn nur befleckt wieder. Das
Schloß war ein Lupanar und eine Räuberhöhle
zugleich. Der Affe des angeblichen Onkels hatte
seinen Hof auf dem byzantinisch=pompösen Fuß
des ersten Empire eingerichtet. Aber hinter dieser
steifen Etikette welche kynische Sittenlosigkeit, hinter
diesem bis zum Wahnsinn getriebenen Luxus

welcher Schmutz von Personalien, hinter dieser
sklavenhaften Unterthänigkeitsbezeigung welche ge=
meine Begehrlichkeit und lauernde Verrätherei!
Was für ein Menschenspülicht floß da aus und ein
und ein und aus! Dezember=Mörder mit Mar=
schallsstäben; oberste Justizmagistrate, welche die
Vermittler machten zwischen den greisenhaften Ge=
lüsten des Herrschers und der Habsucht käuflicher
Weiber; Minister, welche die Staatsgelder armvoll=
weise in den unersättlichen Schlund der kaiserlichen
Privatkasse schütteten, Militär= und Civilbeamte
aller Grade, welche ihre Anstellungspatente für Gene=
ral=Licenzen jeder Durchstecherei und jeden Unter=
schleifs ansahen und ansehen durften; verlorene
Söhne, welche ihre Väter zu benunciiren, verbuhlte
Mütter, welche ihre Töchter zu verkaufen kamen;
Prälaten, welche General=Absolutionen brachten und
dafür Brevete der Volksverdummung mit fortnah=
men; Mouchards jeden Ranges, Phrynen aus Nei=
gung und Buhlknaben von Gewerbe, Mönche von
allen Farben und Jesuiten von allen Zungen,
Falschspieler, Schwindelhuber, Kneipenzoten=Sänge=
rinnen, Geisterbeschwörer —

Ambubaiarum collegia, pharmacopolae,
Mendici, mimae, balatrones, hoc genus omne —

(Scharen von Ambubajen, Bereiter von Würz- und
von Giftwerk,
Bettelpropheten, Schmarotzer, Schnurrantinnen, all
das Geziefer) —

drängte, schob und stieß sich hin und her an dieser richtigen „Cour de miracles", wie so wüst und frech Viktor Hugo selbst in seinen bizarrsten Visionen keine erblickt hatte.

Drüben im Palais Royal hielt der Pseudo-Vetter des Pseudo-Demetrius Hof. Der Vetter mußte getroffener Abrede zufolge bekanntlich den „rothen Prinzen" spielen, eine aus der Politik des zweiten Empire erflossene Rolle. Sie wurde so natürlich gespielt, daß sie den Augen von Schwachköpfen als wirkliche Natur erschien. Der Prinz machte seinen Palast zu einem „demokratischen" Trink- und Rauchsalon, dessen Hospitalität und Ungenirtheit den ganzen Schund von Kerlen und Betteln herbeilockten, welche aus der Demagogie ein Handwerk und aus der Revolution „eine Carrière" machen. Sardou konnte hier Modelle von allen Nationalitäten für seinen „Rabagas" finden.

Hier wurden die aus der Kasse des kaiserlichen Vetters herübergeholten Almosen den kosmopolitischen Schwindlern, Spionen und Skribenten gespendet und wurden die Losungen ausgetheilt, welche sie dafür daheim anzustimmen hatten ad majorem Bonapartismi Galliaeque gloriam.

Der fliegende Holländer flog derweil immer höher und sein Flug fand noch immer zahllose Bewunderer und Lobpreiser. Namentlich im Prozenthum, welches nicht satt werden konnte, die Klugheit und Prosperität der Tuilerienwirthschaft jubilirend zu loben. Von Zeit zu Zeit, bei Industrie-Ausstellungen und ähnlichen Anlässen, kam sozusagen von allen Ecken und Enden des Erdballs her das „Geschäft" nach Paris, stellte sich händefaltend und kniebeugend vor den Pseudo-Demetrius hin und brach in den Hymnus aus: „Heil sei dem Tag, an welchem du bei uns erschienen! Dideldum, dideldum."

Nun, in den Jahren 1870—1871 ist ja offenbar geworden, unwidersprechlich, endgiltig offenbar geworden, was das „Genie", die „Klugheit" und die „Gloire" Napoleon's III. aus Frankreich gemacht haben. Das übertünchte Grab that sich

auf und der Verwesungsgeruch erfüllte Europa.
Hinter dem gleißenden Scheine von materieller
„Prosperität" trat die Wirklichkeit der moralischen
Verfaulung ekelhaft hervor. Das wurmstichige
Staatsoberhaupt als ein willenloser Somnambule=
rich an das Juponband einer gekrönten Lorette
festgebunden; die sogenannten Repräsentanten der
Nation je auf Kommando eine Schar von Stum=
men des Serails oder eine brüllende Horde von
Mameluken; alle Zweige des Staatshaushaltes in
heilloser Zerrüttung, die bureaukratische Faulheit
und Gewissenlosigkeit eine sichere Empfehlung bei
Hof, die Verschleuderung und Unterschlagung von
öffentlichen Geldern unter dem Titel der „Vire=
ments" förmlich sanktionirt; die Bestechlichkeit in
allen Theilen der Verwaltung guter Ton, die
Rechtspflege ein schlechter Spaß, eine Schulden=
macherei im wahnsinnigen Milliardenstil; das Fa=
milienleben zerstört, die Frauen eine Waare für
den Meistbietenden, das brutale Laster ein Freibrief,
die Jugend blasirt, die ehrliche Arbeit ein Spott,
der Betrug ein Verdienst; das Volk auf dem
Lande in den Händen der pfäffischen, in der Stadt

in den Händen der kommunistischen Giftmischer; die
Flotte eine gefälschte Rechnung, die Armee ohne
Führer, ohne Pflichtgefühl, ohne Mannszucht, „be=
reit bis zum letzten Hosenknopf, archiprêt", sich
— zu Hunderttausenden gefangennehmen zu lassen;
die Presse unwissend, feil, verlogen, pralerisch, die
Literatur ein verlockend ciselirtes Gefäß voll von Un=
rath, die Bühne ein Bordell, der Volksgesang eine
Zote, die öffentliche Meinung eine gloire= und ab=
synthberauschte Dirne; überall viel Geschrei und
wenig Wolle, überall gleißender Schein und nir=
gends gesundes Sein, alles zerfahren, verblasen,
entnervt, angefressen, durchfault, allerorten Gemein=
heit, Verblendung und Dünkel, durchweg Phrase, Lug
und Trug: — so war Frankreich, wie das zweite
Empire es gemacht, so war das Gebäude, welches
der Bal= und Bauchkult unserer Zeit als ein höch=
stes Wunderwerk menschlicher Klugheit angestaunt
und bejubelt hat.

3.

„In meinen Händen wird Frankreich nicht zu Grunde gehen!" hat der jetzo verflogene Holländer zur Zeit, als er noch ein fliegender war, feierlich erklärt. Das hätte sich Frankreich gesagt sein lassen sollen; denn aus dem Lügenbeutel'schen ins Wirkliche übersetzt, hieß es ja: „Ich werde Frankreich unfehlbar zu Grunde richten!"

Und er that so.

Die innere Politik des Verbrechers vom 2. Dezember machte das Land zum „Bas-Empire", die äußere stellte das verrottete schließlich freundlos und allianzlos dem zerschmetternden Stoß einer überlegenen Nation bloß. Aber als es diesem Stoße erlag, büßte Frankreich nur, was es 1848 bis 1852 gesündigt, indem es durch die plumpste aller Demetrius-Fabeln sich hatte verführen lassen, mit wahrer Wuth das „Ruere in servitium" anzustimmen. Wenn ein Volk den Taumelkelch der Lüge, des Verrathes und der Unzucht mit wilder Begierde bis zum Grunde leert, so hat es kein Recht, über die Gallebitterkeit der Hefe sich zu beklagen, welche solch ein Gebräu niederschlägt.

Zwei charakteristische Großthaten eröffneten das Dezember-Regiment, beide vom Januar 1852 datirend: der Raub der Orleans-Güter, wodurch Mandrin als der richtige Hauptmann seiner Bande sich legitimirte, und die brutale Bedrohung der Schweiz, welche dem Wolf in den Tuilerien schlechterdings das Wasser getrübt haben sollte. Der unverschämte Notenkrieg, welchen Monseigneur le Prince-Président der Eidgenossenschaft machte, war der Dank dafür, daß die Schweiz Anno 1838 nahe bei der kolossalen Dummheit angelangt gewesen war, um desselbigen Exemplars von „Prinzen" willen einen Krieg mit Frankreich zu riskiren. Damals hatte die Regierung Louis Philipps die Eidgenossenschaft mit einem „Blocus hermétique" bedroht, weil sie ihr Asylrecht auch zu Gunsten des Putscherichs von Straßburg aufrechthielt; jetzt bedrohte selbiger Putscherich, während er sich gerade den aus lauter Missethaten zusammengeplätzten Kaisermantel anprobiren ließ, die Schweiz ebenfalls mit einer „hermetischen Absperrung", weil sie ihr Asylrecht zu Gunsten französischer Flüchtlinge aufrechthielt, welche die Verfassung, das

Gesetz und den Frieden ihres Landes gegen den Einbruch von Mandrins Bande hatten vertheidigen wollen. Die Höfe von Berlin und Wien wurden angegangen, zu besagter Absperrung des „Treibhauses revolutionärer Doktrinen" mitzuwirken; aber so einfältig, für den Dezember=Prinzen den Blocusbüttel zu machen, war man doch weder in Wien noch in Berlin, obzwar hier Manteuffel und dort Schwarzenberg herrschte, und schließlich scheiterte die absonderliche Dankbarkeitsbezeigung, welche der fliegende Holländer seinen schweizerischen „Mitbürgern" zugedacht hatte, an der Weigerung der süddeutschen Staaten, vorab Baierns, mit in dem Dinge sein zu wollen.

Vier Jahre später hat dann das preußische Kabinet die Anno 1852 glücklich versäumte Dummheit redlich nachgeholt, indem es durch sein über alle Begriffe ungeschicktes Verhalten im neuenburger Handel dem weiland Schulpfleger von Salenstein im Thurgau die Gelegenheit nicht nur gab, sondern förmlich aufdrang, seinen schweizerischen „Mitbürgern" einen Dienst zu leisten, welcher bekanntlich spottwohlfeil war, aber von der ungeheuren

Mehrzahl der Schweizer so hoch angeschlagen worden ist, daß dadurch ihre herkömmlichen französischen Sympathieen noch bedeutend gesteigert wurden, bei vielen bis zur Manie . . .

„Förderung der materiellen Interessen", das war der für alle engen Geister und gemeinen Seelen verführerisch bemalte Vorhang, hinter welchem es dem zweiten Empire gelungen ist, die „Geschichte der französischen Gesellschaft zur Skandal-Chronik für Europa zu machen" („Le dernier des Napoléon" p. 110). Im übrigen beschränkte sich die Weisheit dieser Politik nicht darauf, stark und fromm zu sein, d. h. das soldatische und das pfäffische Janitscharenthum in jeder Weise zu begünstigen und zu hätscheln, sondern sie hatte auch verschiedene „große Ideen" und bemühte sich, in ihrer Weise dieselben zu verwirklichen. Eine dieser großen Ideen war, Frankreich mittels des rothen Gespenstes in Furcht und Unterwürfigkeit und zugleich Europa in fortwährender Anerkennung des kaiserlich napoleonischen „Prestige" zu erhalten dadurch, daß man der Diplomaten-Bornirtheit und der Angstphilisterei fortwährend weismachte, der

fliegende Holländer trage in den Falten seines
Kaisermantels alle Dämonen der Revolution und
vermöge sie nach Belieben gebannt zu halten oder
aber loszulassen. Das Mittel erreichte für geraume
Zeit seinen Zweck, ist aber für Frankreich und
Europa von unheilvollster Wirkung geworden. Es
war ja von Anfang an nur ein frevelhaft-frivoles
Spiel mit einem fressenden Feuer. Mittels der
unterirdischen Beziehungen, welche der Bonapartis=
mus, getreu seiner Verschwörernatur, behufs des
früher angedeuteten Doppelspieles mit den sozia=
listischen Phantasten, den kommunistischen Sekten
und der sogenannten „Internationale" notorisch
unterhielt, hat er das rothe Gespenst zu einer
Thatsache von Fleisch und Blut heraufgefüttert
und nicht allein mittelbar, sondern auch unmittel=
bar die scheusälige Kommunewirthschaft vom Früh=
jahr 1871 verschuldet.

Die auswärtige Politik der Dezemberei war
nur ein druckfehlervoller Abklatsch der Politik des
ersten Empire, dessen Legende und Mythologie ja
überhaupt das zweite bedingten und bestimmten.
Demnach mußte man die eiteln Franzosen dadurch,

daß man ihre Fesseln mit Gloire=Rauschgold überstrich und diese Ueberstreichung von Zeit zu Zeit wiederholte, vergessen machen, daß sie Sklaven waren. So hatte es schon der echte Napoleon getrieben, und so trieb es auch der nachgemachte. Nur mußte der letztere behutsamer und umständlicher verfahren als jener, weil dem angeblichen Neffen das militärische Genie, womit der vorgebliche Onkel die brutalen Eingebungen seines Gloirebedarfes zu realisiren verstanden hatte, gänzlich abging. Um Gloire=Schwindelgeschäfte mit Aussicht auf Erfolg zu unternehmen, mußte man sich daher nach Compagnons umsehen. Als ein solcher bot sich zunächst England dar und das westmächtliche Associé=Geschäft des Krimkrieges wurde unternommen.

Verfolgt man Genesis, Verlauf und Ende dieses Krieges mit unbefangenem Auge, so gewinnt man unschwer die Ueberzeugung, daß Napoleon III. dabei nur der Narr Englands gewesen ist. Als er das endlich merkte, suchte er sich zu rächen und seinerseits die englische Oligarchie zu narren, indem er mit aller Macht zu einem übereilten und fruchtlosen Frieden trieb. England hatte sehr reale Motive, das türkische Reich zu erhalten und seine levantinische Handelsdomäne nicht durch russische Zollschranken abgesperrt zu sehen. Es wußte aber auch ganz gut, daß es allein der russischen Macht nichts anhaben könnte, und ging daher darauf aus, Frankreich zu einer gemeinschaftlichen Aktion zu bestimmen. Die englischen Oligarchen winkten mit dem Zaunpfahl der Russophobie und verstanden auf diesem Zaunpfahl die Gloire-Leimruthe so geschickt zu befestigen, daß der kaiserliche Adler begierig darauf ging. Der Krieg ist in seinen Folgen zu einer wahren Wohlthat für Rußland ausgeschlagen, England behielt seine Domäne und Frankreichs Ketten hatten die gewünschte Vergoldung, welche dem Lande ja nur ein Hunderttausend von Soldatenleben und die Bagatelle von einer Milliarde gekostet hatte. Während der Friedensverhandlungen in Paris knüpfte Signor Cavour dem fliegenden Holländer das Gängelband um, woran der italische Patriot den Ex-Karbonaro vier Jahre lang gängelte. Im übrigen schloß die Krimkriegsgeschichte mit einer Bambocciade im rich-

tigsten Fliegenden-Holländer-Stil, mit der sublimen
Adlerfederschnurre. Es wurde nämlich in dem
Rathe der Tuilerien-Götter beschlossen, das Schluß-
protokoll der Friedens-Konferenz müßte mit einer
Adlerfeder unterzeichnet werden. Monsieur Feuillet
de Conches, „Einführer der Gesandten", begab sich
demzufolge nach dem Jardin des Plantes, riß dem
armen Wappenvieh — es wird doch nicht gar ein
Abkömmling des boulogner Adlers von Anno 1840
gewesen sein? — eine Feder aus und brachte dieselbe im Triumph in das Konferenz-Zimmer, be-
gleitet von diesem Certificat: „Ich bezeuge, daß ich
diese Feder eigenhändig (moi-même) einem Flügel
des kaiserlichen Adlers ausgerissen (arraché) habe."

Wenn auf das Gelingen der englischen Intrike
hinsichtlich des Krimkrieges als ein zwar sekundäres,
aber doch starkes Motiv der Umstand, daß Car
Nikolaus es seinem Stolze nicht hatte abgewinnen
können, sein vom 22. Januar 1852 datirtes Ant-
wortschreiben auf die Notifikation des Staats-
streiches vom 2. Dezember mit dem „Mon bon
frère" zu beginnen und zu beschließen, ganz un-
zweifelhaft eingewirkt hat, so wurden die Machen-

schaften Cavours, den Kaiser der Franzosen zu
einem Einschreiten zu Gunsten der italischen Sache
zu bestimmen, unstreitig nachdrücklich unterstützt
durch den traditionellen Haß gegen Oesterreich,
welcher untrennbar zur napoleonischen Legende ge=
hörte. Allein über diesem Haß und über der
Genialität Cavours stand ein drittes Motiv: die
schlotternde und wohlbegründete Furcht vor den
Dolchen und Kugeln der italischen „Köhler", deren
Eid, Italien um jeden Preis und mit allen Mitteln
von der Fremdherrschaft zu befreien, Napoleon III.
vor Zeiten mitgeschworen hatte. Er ahnte, er
wußte gar wohl, daß dieses Eides zu vergessen
viel gefährlicher sei, als es war, den am 20. De=
zember 1848 angesichts der Nationalversammlung
und Frankreichs geschworenen schnöde gebrochen
und in einen blutrauchenden Meineid verwandelt
zu haben. Der bekannte Neujahrsgruß von 1859
an Oesterreich war nur der Widerhall vom Knall
der Bomben Orsini's.

Napoleon wähnte mittels einer Halbheit mit
der italischen Frage sich abfinden zu können, wie
er mittels einer Halbheit mit der orientalischen

sich auch — nicht abgefunden hatte. Er ging nicht „von den Alpen bis zur Adria", sondern nur halbwegs bis Villafranca, und er hat sich dann, nachdem seine militärische Imbecilität ganz und seine staatsmännische Mittelmäßigkeit halb offenbar geworden, keineswegs wie ein Triumphator, sondern vielmehr wie der Held von Straßburg und Boulogne aus Italien weggestohlen. Alles, was er mit Italien gewollt hatte, schlug in das um, was er entschieden nicht wollte. Die italische Konföderation, welche die in Zürich aufgeführte Friedensschlußposse hätte zusammenleimen sollen, verwandelte sich trotz ihm in den italischen Einheitsstaat. Cavour, welcher jetzt seinen Holländer vollständig kannte, that sich gar keinen Zwang mehr an: er führte die kaiserliche Marionette ganz offen am Narrenseil herum. Der Zug Garibaldi's nach Sizilien und Neapel, und was daran weiter sich knüpfte, liefert hierfür die unwidersprechlichen Beweise. Später hat sich dann der Empereur mittels des Chassepots-Wunders von Mentana an Italien zu rächen und den Gang der italischen Geschicke aufzuhalten versucht. Er beschleunigte denselben nur. Auch der Tod des großen italischen Ministers — dessen Ruhm es nur erhöht, wenn ihn Monsieur Eloin (p. 149) „le politique le plus foncièrement et le plus froidement pervers de son temps" schilt — half ihm nichts. Denn an der Stelle des verschwundenen Cavour erschien ein noch Gewaltigerer, welcher das Gängelband mit souveräner Ueberlegenheit handhabte, schließlich aber den fliegenden Holländer mit eisernem Griff an den Beinen packte, herunterriß und den kläglich Zappelnden auf der Walstatt von Sedan vor die Füße des deutschen Bundesfeldherrn hinwarf.

Das wäre kaum möglich gewesen, falls sich der Nachgemachte nicht zuvor arg und immer ärger verflogen gehabt hätte. Schon Anno 1859 hatte die Verfliegerei begonnen. Sie ging nach außen mehr und mehr in die Irre, je deutlicher die Symptome wurden, daß im Innern die Kothfundamente des ganzen Lug= und Trugbaues des Dezember=Regiments zu wanken und zu weichen begannen. Die Thatsache, daß eine Gaunerbande des Staates sich bemächtigt hatte und denselben nach allen Seiten hin ausbeutete, übte immer ver=

heerender ihre unumgängliche moralische, d. h. unmoralische Wirkung. Wenn das Laster, wenn das Verbrechen, wenn der Frevel Ansprüche verleihen auf höchste Stellen und Würden, auf alles das, was die Menschen „Glück" zu nennen pflegen, warum nicht lasterhaft, verbrecherisch und frevelhaft sein? So schlußfolgerte der vornehme Pöbel in Wort und That. Aus der in Grund und Boden korrumpirten offiziellen Welt verbreitete sich der Ansteckungsstoff in alle Kreise und Schichten der Gesellschaft, alles aushöhlend und unterminirend. Der sittliche und finanzielle Bankerott kündigte sich an, und wie ein dem Bankerott zutreibender Schwindler gern in abenteuerlichste Unternehmungen sich einläßt, so griff das Bas-Empire zu dem mexicanischen Abenteuer.

Diese kolossale Dummheit schwindelte die Bande dem stark im Verfliegen begriffenen Holländer als „la plus grande pensée du règne" auf und mit Behagen gab sich der Nebelheimer dem Traume hin, diese „größte Idee" würde mittels Errichtung eines französischen Vasallenstaates im Lande Montezuma's und mittels Unterstützung der südstaatlichen

Sklavenbarone nicht allein die Union auseinandersprengen, sondern wohl gar der Herrschaft des Germanismus und Republikanismus in Amerika den Todesstoß versetzen. Es untersteht keinem Zweifel, daß der Einfall eines Einfalls in Mexico zuerst in der Umgebung der Donna Eugenia auftauchte und Boden gewann. Die bildungs- und urtheilslose Fanatikerin ließ sich die „größte Idee des Kaiserreiches" durch mexicanische Pfaffen und Banditen (Labastida, Almonte, Miramon und Komp.) einblasen. Mit der Intrike der Kaiserin verknoteten sich dann zwei andere: die infam schmutzige Geldschneiderei, zu welcher Morny, der Halbbruder Napoleon's III., mit dem in Mexico ansässigen schweizerischen Hauptschwindler Jecker sich associirte, und die Machenschaften des spanischen Bravo Prim, welcher träumte, er müßte Kaiser von Mexico werden. Aber in den Tuilerien hatte man sich einen andern zum mexikanischen Vasallenkaiser oder Kaiservasallen ausersehen.

Man muß doch unwillkürlich zu der trivialen Redensart: „Der Verstand steht Einem still" — greifen, wenn man den Eindruck wiedergeben will,

welchen es auf alle Menschen von fünf gesunden
Sinnen machen mußte, als sie sahen, daß und wie
der Erzherzog Maximilian und seine Frau Char=
lotte sich verblenden ließen, aus der von Blut und
Schmutz triefenden Hand des Dezembermannes,
aus der Hand des notorischen Todfeindes ihrer
beiden Familien die aus Pappe und Goldpapier
gefertigte Kaiserkrone von Mexico anzunehmen.
Monsieur Eloin erzählt uns in der Widmung seines
Buches, daß er zu Miramar den Erzherzog vor
der Annahme des Danaergeschenkes gewarnt, daß
aber der Gewarnte die Warnung in den Wind
geschlagen habe mit den Worten: „Der Kaiser
Napoleon hat meinem Lande und meiner Familie
alles Schlimme angethan, was er uns anthun
konnte. Er hat aber endlich begriffen, daß diese
Politik früher oder später ein Unglück für Frank=
reich sein müßte, und darum kann er jetzt nur
noch unsere Wohlfahrt wünschen." Man traut
seinen Ohren kaum beim Anhören solcher Narrethei.

Daß jede von Menschen nur irgend ersinnbare
Infamie bei Aufrichtung des mexicanischen Schemen=
kaiserthums in Anwendung kam, ist bekannt. Ebenso,

daß der Dezembermann, vor dem barschen Befehls=
wort des Kabinetts von Washington: „Marsch, fort
aus Mexico!" feige zurücktretend, nachdem keine von
Menschen irgend ersinnbare Infamie gescheut hat,
um sein eigenes Luftschloß auseinanderzublasen.
Der, welcher sich zu seinem Werkzeuge hergegeben
hatte, sühnte am 19. Juni von 1867 auf dem
Cerro von Querétaro heldisch=tragisch die Schuld,
vergessen zu haben, daß, wer sich mit Gaunern
einläßt, darauf gefaßt sein muß, geprellt und ver=
rathen zu werden. Zehn Monate vor jenem Juni=
tag hatte die Frau des Verrathenen denselben zum
voraus an dem Verräther gerächt, im August von
1866, zur Stunde, wo Napoleon III. im „Grand
Hotel" in Paris der armen Charlotte trocken er=
klärte, daß er nichts mehr „für Mexico" thun könnte.
„Aber das ist ja unser Todesurtheil!" schrie sie
auf und verlegte sich auf flehentliches Bitten. Der
Kaiser erhob sich und sagte eisig: „Madame, es ist
unnütz, weiter mich zu drängen. Keinen Mann
und keinen Thaler mehr!" Da sprang in der ge=
quälten, fiebernden, schon halb wahnsinnigen Frau
der Zorn der Verzweiflung empor, sie richtete sich

hoch auf vor Napoléon le petit und warf ihm die Worte ins Gesicht: „Ah, ich hatte mich also nicht getäuscht! Ich kannte Sie, Henker meiner Familie! Wohlan, rächen Sie sich an der Enkelin Louis Philipps dafür, daß er Sie dem Elend und dem Schaffot entrissen hat!" Der also Apostrophirte machte, daß er zur Thüre hinauskam, aber die zur Rachefurie gewordene Gattin Maximilians verfolgte den Fliehenden bis zur Treppe und schleuderte ihm den Fluchwunsch nach: „Sie glauben vielleicht, mir durch Ihre Polizei Ihre Briefe und Ihre Versprechen entreißen lassen zu können? Mit nichten, die Papiere sind an einem sicheren Orte... Gehen Sie, und Gott verfluche Sie wie den Kain!" (Vgl. „Le dernier des Napoléons", p. 39.)

Hörte der also Verfluchte aus diesem Verzweiflungsschrei vielleicht den dumpf herannahenden Schritt der Vergeltung heraus? Ob er ihn hörte oder nicht, gleichviel, der Schritt näherte sich. Der schmachvolle Ausgang des mexicanischen Riesenschwindels, welcher den Staatsschatz und die Zeughäuser Frankreichs geleert und die Armee decimirt und demoralisirt hatte, war entschieden der Anfang vom Ende.

Wozu dasselbe breit ausmalen? Wir alle haben es ja miterlebt. Der Schluß heißt Sedan.

Es ist sicher, daß der Empereur diesem Ende viel mehr zugeschoben worden ist, als er selber sich schob. Er war in den letzten Jahren seiner rasch sinkenden Herrlichkeit nur noch der Unmann seiner Frau, die ihrerseits von einer Kamarilla unfähiger, zum Theil geradezu stupider Leute geleitet wurde. Möglich war diese Lage namentlich auch dadurch geworden, daß die fähigeren Mitglieder der Bande entweder weggestorben waren (wie St. Arnaud, Morny, Mocquard) oder ihren Einfluß verloren hatten. Daraus erklärt sich das unbeschreiblich ergötzliche Ueberlegenheitsspiel, welches Bismarck jahrelang mit dem immer jämmerlicher sich verfliegenden Holländer getrieben hat. Zuletzt ist die Leitung der Staatsgeschäfte des Bas-Empire in die Hände von Gesellen gekommen, wie der armsälige Schwätzer Ollivier, der bornirte Gamaschenknopf Leboeuf und der Herzog von Gramont waren, welchen letzteren Bismarck als den „dummsten Kerl, der in Europa herumläuft c'est l'homme le plus bête de l'Europe)" zum

voraus signalisirt hatte. Immer schlaffer und
widerstandsloser ließ sich der Staatsstreichs=Kaiser
der furchtbaren Katastrophe zuschieben. Und doch
hatte er ein Vorgefühl von der Furchtbarkeit der=
selben. „Deutschland", schrieb er an den Rand
einer Broschüre, in welcher die Kriegsmittel dieses
Landes mit denen Frankreichs verglichen wurden
— „Deutschland ist uns fast dreifach an Stärke
überlegen; aber" — setzte er hinzu — „unsere
Mitrailleusen werden das Gleichgewicht herstellen."
So log sich die große Lüge des zweiten Empire
jener Abendstunde vom 1. September 1870 ent=
gegen, wo der mattgesetzte Empereur an seinen
Besieger schrieb: „Il ne me reste qu'à remettre
mon épée entre les mains de Votre Majesté."

Also endete die abenteuerliche Geschichte vom
verflogenen Holländer mit einem welthistorischen
Knalleffekt. Den Franzosen aber muß man, so sie
über die grausamen Nachwehen der großen Lüge
wehklagen, sagen: Warum habt ihr, als es hieß:
„Catilina est aux portes" — dem Katilina ein
millionenfaches und wieder millionenfaches „En-
trez!" zugerufen? Völker wie Menschen ernten,

was sie gesäet haben. Es klingt hart und herb, ist aber nur wahr und gerecht: Was Frankreich 1870—71 widerfuhr, war die wohlverdiente Strafe für das, was es 1851—52 hatte geschehen lassen.

---

7. Juni.

Unser grüner Winter führt sich so auf, daß er nachgerade den weißen zurückwünschen läßt. Der Himmel glotzt dustersälig herab, als wär' er ein königlich-preußischer Oberkirchenrathsorthodoxieverwaltungskommissarius, die Luft ist frostig wie ein Gedicht von Prutz und dazu weht ein Widerwart von Wind, dessen zudringliches Gepfeife, er sei doch eigentlich ein Sommerwind, unwillkürlich an die Betheuerungen deutschen Patriotismus gemahnt, welche aus dem Centrum des deutschen Reichstags so widerlich hervorwindbeuteln. Für Leute wie unsereiner, d. h. für Leute, deren Wohl- oder Wehbefinden vom Wind und Wetter abhängt, so recht ein Tag zum Grillenfang. Kündigten sich auch die Symptome des Wiedererwachens eines alten Leidens so heftig an, daß sich das Vorgefühl nahen Todes mir auf die Seele legte; aber nicht wie ein

Alp, sondern leis und linde wie die Schlummerweise, welche mir — „lang, lang ist's her!" — meine theure Mutter mit ihrer lieben sanften Stimme bereinst an der Wiege gesungen. Wie glücklich sind doch die Menschen, welche an das Dogma einer persönlichen Fortdauer nach dem Tode glauben können! Schon darum, weil ihnen dieser Glaube die süße Hoffnung giebt, im „Jenseits" ihre Mütter wiederzufinden. Es ist doch ein tiefes Wort: „Der Glaube macht selig". Freilich in ganz anderem Sinne als in dem der Pfaffen.

Aber statt Grillen will ich lieber den weißen Raben einfangen, welcher zu meinem und gewiß noch vieler anderer Leute größtem Erstaunen vor etlichen Tagen in Frankreich aufgeflogen ist.

Der weiße Rabe ist Herr A. de Gasparin und er darf und muß als weißer Rabe bezeichnet werden vonwegen des Buches, welches er unter dem Titel „La France; nos fautes, nos périls, notre avenir" (Par. 1872) im Mai veröffentlicht hat. Das ist eine höchst merkwürdige Generalbeichte, abgelegt von einem ehrlichen Manne im Namen seiner Nation, welche jedoch, wie sie nun einmal ist, über

dieses Sündenbekenntniß gewaltig sich erbosen wird.
Und doch ist Herr de Gasparin so durch und durch
Franzose, daß es ihm augenscheinlich die schmerz=
lichste Selbstüberwindung gekostet hat, die Resul=
tate seines Nachdenkens und seiner Untersuchungen
zu veröffentlichen. Er hat auch Augenblicke der
Schwäche, ja geradezu unlichte Momente der Gam=
bettaserei, wo das angeborene Gallierthum das
Wissen und Gewissen des Mannes überwältigt und
er sich auf echtfranzösischer Anschauungsweise er=
tappen läßt. So z. B. traut man kaum den eige=
nen Augen, wenn man sieht, daß Herr de Gaspa=
rin die noch über Thiers und andere napoleonische
Mythographen hinauslügende Entdeckung gemacht
hat, Napoleon habe am 18. Oktober, sage am
achtzehnten Oktober von 1813 die Deutschen bei
Leipzig geschlagen („le 18 octobre 1813 Napoléon
battait l'Allemagne à Leipzig"). Was Herrn de
Gasparins stark von ihm betontes Christenthum
und seine Begeisterung für den Schwindel des Kon=
stitutionalismus angeht, so sind das Geschmacks=
sachen, über welche sich nicht mit ihm rechten läßt.
Im 2. Bande seines Buches beschäftigt er sich mit

der Wiederaufrichtung („relèvement") Frankreichs und gibt hierfür vortreffliche Rathschläge, welche natürlich von seinen Landsleuten nicht beachtet, geschweige befolgt werden. Sicherlich nennen sie den patriotischen Wahrheitsager im mildesten Falle einen Narren, wahrscheinlich einen von Bismarck gekauften Verräther. Nun, Herr Gasparin muß sich in diesem Falle damit trösten, daß die Meinung und das Urtheil eines Volkes, welches in einem Monsieur Thiers und in einem Monsieur Gambetta seine Helfer und Heilande sieht, und nur nicht recht weiß, welchem von beiden es den Preis zuerkennen soll, in der Wage der Geschichte federleicht wiegen. Wenn etwa einmal in der Zukunft ein französischer Historiker aufsteht, welcher Wissen und Gewissen genug besitzt, die Ursachen und den Verlauf des Krieges von 1870—71 wahrheitsgetreu darzustellen, wird es seine Pflicht sein, Herrn Gasparin als einem Zeugen der Wahrheit und Gerechtigkeit Recht widerfahren zu lassen und Lob zu spenden. Unserem deutschen Geschmacke sagt freilich das Buch nicht eben sehr zu. Es ist viel zu viel Deklamation darin, viel zu viel ermüdende, weil ewig sich wiederholende Phraseologie. Ob diese eine ultramontane oder eine „evangelische", ist uns ganz gleichgiltig: beide sind gleich langweilig. In einem seiner oben bezeichneten Anfälle von gallischer Krankheit hat Herr Gasparin den belirirenden Ausspruch gethan: „La France seule sait faire un livre." Ich fürchte aber, daß, wenn er seinen Anspruch, ein richtiger Franzose zu sein, auf das vorliegende Buch gründen wollte, seine Landsleute diesen Anspruch schon aus rein formellen Gründen zurückweisen würden. Für uns ist das weiter von keinem Belang, weil wir bei einer derartigen Schrift der Formfrage nur eine ganz nebensächliche Bedeutung zugestehen. Der Inhalt verdiente in hohem Maße, dem deutschen Publikum näher gebracht zu werden.

Unser Autor beginnt mit „Explications personnelles", welche den Zweck haben, seine persönliche Stellung zu den Ereignissen der „Année terrible" darzulegen. Er theilt uns mit, daß man ihn allgemein für einen Dummkopf („un être absurde") angesehen habe, als er die französische Kriegserklärung an Deutschland einen „verbreche=

rischen Wahnwitz" nannte. Er that dies in einem
Artikel, welchen das Journal des Debats aufzu=
nehmen sich weigerte und den deßhalb der Ver=
fasser in Form einer Broschüre drucken ließ. Folgt
dann in dem Buche ein „Essai sur le patriotisme",
worin mittels sehr beherzigenswerther Argumen=
tation des Nachweis geführt ist, daß und wie in
Frankreich an die Stelle der wahren und wirklichen
Vaterlandsliebe die Eitelkeit und Selbstverblen=
dung das absurde Dogma der „National=Unfehl=
barkeit" gesetzt haben. Im Vorbeigehen gibt Herr
Gasparin dem Patriotismus à la Béranger die
wohlverdiente Ohrfeige. Er bezeichnet diese echt=
französische Sorte von Patriotismus treffend als
„ce mélange d'enthousiasme guerrier et d'aspi-
rations libérales, bizarre amalgame qui trouble
aisément les cerveaux" — und stellt klar, daß
die Zusammenmantschung von napoleonischem Mi=
litarismus und revolutionären Einfällen in der bé=
ranger'schen, so außerordentlich populären und ein=
flußreichen Chansonnerie höchst unheilvoll auf den
französischen Geist gewirkt habe, weil dadurch die
Nation in ihrer Einbildung und in ihrem Dünkel

bestärkt und die alte Begierde nach Eroberungen immer wieder aufgefrischt worden sei. „Wenn bei uns," sagt Gasparin, „der falsche Patriotismus den wahren nicht erstickt hätte, so würden wir uns nicht in verhängnißvollen Illusionen gewiegt haben, und man würde uns nicht Tag für Tag vorgeleiert haben, daß Frankreich unbesieglich sei, daß es das Licht der Welt, daß es der Apostel und Träger aller Vorschritte und aller Freiheiten sei."

Sehr gut sind die Bemerkungen des Verfassers über den Patriotismus der französischen Ultramontanen, welche 1870 „aus allen Kräften die Kriegsflamme schürten und den Krieg gern zu einem Kreuzzuge gegen den Protestantismus gemacht hätten". An einer anderen Stelle trifft Herr Gasparin fast bis zum Wortlaute mit meinem Freunde Scherr zusammen, welcher in seinen „Hammerschlägen und Historien" (S. 49) das Zusammenklingen der Proklamation des Infallibilitätsdogma's mit der französischen Kriegserklärung so nachdrucksam betont hatte. Ja, kein Zweifel, der Jesuitismus hat in derselben Stunde von den Tuilerien und zugleich vom Vatikan aus die Hebel in Bewegung gesetzt, Deutschland zu verderben. Und trotzdem finden sich in dem deutschen Kaiserpalast in Berlin noch immer Hände, welche die schwarze Schlange liebkosend streicheln. Es scheint nun einmal zur Tradition des preußischen Königthums zu gehören, daß es in der einen Hand die Freimaurerkelle und in der anderen den Weihwasserwedel halte. Man weiß ja, daß schon Friedrich der Große, während er mit der Rechten ein Aufklärungs-Edikt niederschrieb, mit der Linken die Jesuiten herbeiwinkte, um denselben in seinen Staaten Schutz und Unterschlupf zu gewähren. Er und seine würdige Alliirte, Katharina II., haben ganz wesentlich mitgeholfen, die große Maßregel vom Juli 1773 illusorisch zu machen*). Toleranz? Einen Mann, welcher seinen

---

*) Friedrich d. Gr. hat bekanntlich in Briefen an Voltaire angegeben, er hätte die Jesuiten beibehalten und beschützt, weil er namentlich in Schlesien der erzieherischen Dienste des Ordens benöthigt gewesen sei. Das wirkliche Motiv seiner Jesuitenschirmung dürfte aber gewesen sein, daß er damit dem wiener Hofe einen Possen zu spielen vermochte, und er konnte sich diesem Vergnügen um so unbedenklicher hingeben, als er ja wohl wußte, er sei Mannes genug, vorkommenden Falles den Herren von der Kompagnie Jesu mit dem preußischen Korporalstock tüchtig auf die übergrifflichen Finger zu klopfen. Note des Herausgebers.

notorischen Todfeind in seinem Hause tolerirte, damit derselbe mit aller Bequemlichkeit ihm den Boden unter den Füßen unterminiren oder das Dach über dem Kopfe anzünden könnte, einen solchen Mann würde man sicherlich nicht um seiner Toleranz wegen bewundern, man würde ihn vielmehr um seiner vollendeten Schäfigkeit willen bemitleiden.

Herr Gasparin unterzieht die Kriegsfrage einer sehr eingehenden Untersuchung und gelangt zu dem Ergebniß, daß die Schuld des Krieges ganz unbedingt Frankreich zufalle. Nach Gebühr fertigt er auch das läppische Grimassiren und Wehschreien seiner Landsleute ab, welches losbrach, nachdem der von der ganzen Nation mit Jubel begrüßte militärische Spaziergang nach Berlin eine Wendung genommen hatte, welche allerdings dem Dogma von der französischen Unfehlbarkeit und Unbesieglichkeit ein furchtbares Dementi gab. Stimmung und Haltung der Bevölkerungen diesseits und jenseits des Rheines nach erfolgter Kriegserklärung werden so gezeichnet (I, 98): „In Deutschland war der Eindruck düster, die Bewegung tief.

Man nimmt die Herausforderung tapfer an, man wird den Boden Schritt für Schritt vertheidigen, man rüstet sich tüchtig, man wird nicht nachgeben; aber man ist ernst, man ist traurig, weil man wohl weiß, daß der Zusammenstoß schrecklich sein und daß das beste deutsche Blut fließen wird. Bei uns in Frankreich lacht und singt alles. Die Frauen werfen den Soldaten Blumensträuße zu; aber gerade die Soldaten allein hegen etwelche Besorgniß. „Und wenn der Preuß' mich haut?" hörte man einen sagen. Doch das macht nichts, man ist des Erfolges sicher, man zieht aus, als ginge es zu einem Feste; man marschirt nach Berlin. Muß man diesen Leuten da, den Deutschen, nicht einmal wieder eine Lektion geben und ihnen obendrein irgend ein Provinz nehmen? Natürlich!"

Nachdem Herr Gasparin nachgewiesen, daß Frankreich förmlich vom Kriegsfieber ergriffen wurde, kommt er an dieser sehr passenden Stelle auf Mr. Thiers zu sprechen und verschafft mir die Genugthuung, daß er, der Franzose, den alten Kriegshetzer ganz so beurtheilt, wie ich, der Deutsche, denselben schon vor vielen Jahren gekennzeichnet habe.

Unser Autor gesteht, das Gallierthum sei in außerordentlichem Grade militärisch, kriegslustig, händelsüchtig, eroberungsgierig und bramarbasirend. Dann fährt er fort: „In seinen Reden und Schriften hat Mr. Thiers dieser Seite unseres Nationalcharakters zu treuem Ausdrucke verholfen. Niemand hat so sehr wie er zum Ausbruche des Krieges von 1870 beigetragen, obgleich er in der letzten Stunde denselben bekämpfte. Er ist es, welcher unter uns den Götzendienst der napoleonischen Legende aufrechthielt; er ist es, welcher die militärische Größe Frankreichs überschwänglich lobpries und als das Alpha und Omega unablässig eine starke Armee und Flotte forderte; er hat den preußischen Sieg bei Sadowa zu einer französischen Niederlage gestempelt; er hat unter dem stürmischen Beifall der Kammer die Einheit Deutschlands als eine französische Nationalgefahr denunciirt; er hat mit aller Macht der italischen Einheit entgegengearbeitet; er verbreitete in unserem ganzen Lande die Eifersucht gegen Preußen; er hielt die veralteten Gleichgewichts=Theorien aufrecht und behauptete stets, es sei für Frankreich nothwendig, ringsum nur schwache und in sich zersplitterte Nachbarstaaten zu haben."

Im folgendem Kapitel, überschrieben: „Les faits", analysirt Herr Gasparin den ungeheuren Lügenschwindel, mittels dessen es der Kriegspartei in den Tuilerien gelang, den Krieg herbeizuführen. Neues bringt der Verfasser hier nicht bei, wohl aber findet er Worte vernichtender Brandmarkung für die Frevlerbande, welche „d'un coeur léger" ihr Vaterland in ein so furchtbares Unglück gestürzt hat. Weiterhin fällt gegenüber der gäng und gäben französischen Unkenntniß deutscher Verhältnisse wohlthuend auf, daß Herr Gasparin eine klare Vorstellung hat von der geschichtlichen Nothwendigkeit der Veränderungen, welche sich seit 1866 in Deutschland vollzogen. Hinsichtlich der Kriegsfrage kommt er zu dem Schlusse: „Wir waren weder beschimpft noch bedroht und wir hatten keinerlei rechtmäßige Ursache, Deutschland anzugreifen." Nebenbei erörtert der Verfasser auch die Frage, wer an der Verlängerung des Krieges schuld gewesen sei, und entscheidet dieselbe zu Gunsten Deutschlands. „Gesetzt" — sagt er bei dieser

Gelegenheit — „die Franzosen wären von Preußen angegriffen worden und wären, nachdem sie alle deutschen Heere vernichtet, vor den Thoren von Berlin angelangt, würden sie bannzumal nicht die Preußen angeklagt haben, den Krieg zu verlängern, falls diese durch ihre Weigerung, die Rheinprovinzen abzutreten, dem Frieden ein unübersteigliches Hinderniß entgegengestellt hätten?" Daß seine besiegten Landsleute plötzlich so heftig die Saite der Großmuth anschlugen, das heißt diese Saite von den Siegern angeschlagen wissen wollten, vermag Herrn Gasparin nur ein mitleidiges Lächeln abzugewinnen. „Sind wir zu unserer Zeit großmüthig gewesen gegen die Besiegten von Jena?" fragt er.

In einem weiteren Abschnitt untersucht er die Frage, ob der kaiserlichen Regierung die Verantwortung für den Krieg allein beizumessen oder aber ob die Nation mit dafür verantwortlich sei, und führt den Beweis, daß, was freilich ebenfalls nicht neu ist, beide Theile gleich schuldig seien: der eine durch sein Thun, der andere durch sein Geschehenlassen — „l'empire a déclarée la guerre, la

France l'a adoptée" —und „jedes Land ist für die Handlungen seiner Regierung verantwortlich; solche Länder aber, welche eine nationale Vertretung und noch obendrein das allgemeine Stimmrecht haben, sind am allerwenigsten berechtigt, in Unschuld ihre Hände zu waschen inbetreff von Regierungsakten, welche in ihrem Namen und mit ihrer Beihilfe unternommen wurden". Ueber die Begriffeverwirrung, welche nach der Katastrophe von Sedan in Frankreich einriß, macht sich Herr Gasparin geradezu lustig. „Man sagt, wir haben das Kaiserreich gestürzt! Ihr fürwahr habt es nicht gestürzt, sondern das thaten die Deutschen. Was Herr Gambetta auf dem Stadthause proklamirte, das hatte die feindliche Armee bei Sedan vollzogen. Man muß diese Wahrheit betonen, welche unsere Nationaleitelkeit absolut vergessen möchte." Der Kretinismus, die Deutschen hätten nach Improvisirung der Republik durch den pariser Pöbel den Krieg sofort einstellen sollen, wird ebenfalls gebührend abgefertigt. „Angenommen, die Republik wäre bei uns inmitten von Siegen statt inmitten von Niederlagen ausgerufen worden, glaubt ihr, daß

man darum unserer Armee das Leid angethan
haben würde, sie Kehrt machen zu lassen? Nein,
auch diese Republik würde ihren Vormarsch fort=
gesetzt und den Rhein genommen haben, wie die
erste that. War es nicht die republikanische Partei,
welche wüthend die Austreibung aller Deutschen
verlangte, in das Geheul über Spionage einstimmte
und nach dem Rhein brüllte?" Den Mythus, daß
der deutsche Bundesfeldherr manifestirt habe, er
werde bloß die kaiserliche Regierung, nicht aber
Frankreich bekriegen, bezeichnet auch unser Autor
als die dumme Lüge, welche derselbe von Anfang
an gewesen ist. Gasparin fügt bei: „Auch das
deutsche Volk seinerseits gab eine bezügliche Er=
klärung ab. Angesichts des Krieges, welchen die
französische Nation gebilligt und begrüßt hatte,
erklärte es, daß es für das Blut seiner Söhne
einen andern Preis forderte als eine republikanische
Emeute in Paris."

Fernerweit wird das Geschrei über die un=
erbittliche Grausamkeit der von den deutschen
Siegern den besiegten Franzosen auferlegten
Friedensbedingungen nach seinem wahren Werthe

taxirt. „Wir wollten nach Berlin marschiren, die Deutschen marschirten nach Paris; wir wollten ihnen ihre Rheinprovinzen nehmen, sie nahmen uns Elsaß und Lothringen. Aber freilich, wir sind eine ganz besondere Nation. Was wir anderen Völkern anthun, das dürfen diese uns nicht anthun, ohne eine Art von Heiligthumschändung zu begehen. Wir können uns alles erlauben, gegen uns ist nichts erlaubt. Frankreich hat in allen Ländern Kriegskontributionen erhoben; aber wenn man solche bei uns erhebt, so ist das ein Verbrechen. Frankreich hatte alle Hauptstädte Europa's ihrer Gemälde und Statuen beraubt, aber wenn die Beraubten ihre Statuen und Gemälde zurückforderten, so hieß das unsere Museen plündern. Frankreich eine Provinz entreißen, ist frevelhaft, Deutschland eine Provinz entreißen, ist es nicht. Der Boden Frankreichs ist selbstverständlich ein heiliger, aber wenn die Deutschen finden, auch ihr Boden sei heilig, wie sonderbar!"

In dem Kapitel: „Le peuple allemand", worin übrigens etliche saftige Gallicismen vorkommen (zum Beispiel: „Les Prussiens sont des

Lettes"), thut der Verfasser dar, daß Deutschland Anno 1870—1871 mit Frankreich eine alte, hochaufgelaufene Rechnung abzumachen hatte und wirklich abgemacht hat. Wenn die Summe dieser Rechnung eine für Frankreich so schwere geworden, so hat Frankreich das zu einem großen Theile sich selber zuzuschreiben. „Vergessen wir nicht, daß wir, indem wir nach jeder unserer Niederlagen uns weigerten, auf annehmbare Bedingungen hin zu unterhandeln, von Monat zu Monat die Schwere der Friedensbedingungen verstärkt haben." Das Geschrei seiner Landsleute über die deutschen „Barbaren" charakterisirt Herr Gasparin sehr treffend als chinesisch. „Die Barbaren des Nordens! Man erkannte die Barbarei der Deutschen daran, daß sie zehnmal mehr unterrichtet sind als wir, daß sie uns an Familiensinn, Philosophie und Religiosität weit übertreffen." Aber die deutschen „Barbaren" haben Straßburg und Paris bombardirt. Gewiß; doch muß man billig berücksichtigen, daß diese armen „Barbaren" das Bombardiren feindlicher Festungen nicht erfunden haben. „Ich für meine Person" — ruft unser Autor aus —

„ich gestehe, daß mir die ehrliche Belagerung Straßburgs im Jahre 1870 das Herz weniger schwer machte als die unehrliche Wegnahme Straßburgs im Jahre 1681, diese diebische „Eroberung" mitten im Frieden."*) Das ist viel von einem Franzosen, sehr viel, das ist geradezu wiederum die Stimme eines weißen Raben, der sich ja auch nicht scheut, seinen Landsleuten zu sagen, sie hätten alle Ursache, in gar vielen Dingen die Deutschen zum Muster zu nehmen, „ce peuple instruit, cordial, qui devance les autres sous tant de rapports essentiels". Wir unsererseits wünschen, daß Herr Gasparin auch die Schattenseiten des deutschen Nationalcharakters gelegentlich mehr hervorgehoben hätte. Das berüchtigte Buch: „L'Allemagne aux Tuileries de 1850 à 1870" konnte ihm, wäre es

---

*) Den guten Straßburgern ist der Dank für ihre Franzoserei im Laufe des Monats Mai von 1872 durch die versailler Kommission, welche die Vertheidigung und Uebergabe der Festungen Anno 1870–71 zu untersuchen hatte, in echtfranzösischer Münze ausbezahlt worden. Die Gesichter der verfranzoseten Straßburger mögen an diesem Zahltage eine hübsche Musterkarte von Verlängerungen formirt haben. Schad't nichts! Note des Herausgebers.

schon erschienen gewesen, hierzu ausgiebigen Stoff
liefern. Nicht so sehr darum, weil eine Anzahl
von ehrlosen Jämmerlingen und schamlosen Betteln
durch ihre Schweifwedelei und Bettelei ihrem Vater=
lande Unehre machten — denn diese Unehre fiel
ja nur auf die Wedler und Bettler selber — als
vielmehr deßhalb, weil sich Stimmen in Deutsch=
land fanden, welche das wedelnde und bettelnde
Geziefer zu entschuldigen oder gar zu rechtfertigen
unternahmen.

Indem der Verfasser zur Erörterung der Krieg=
führung vorschreitet, stellt er fest, daß Frankreich
den Krieg begann, „pour empêcher l'Allemagne
de se faire". An dieser Stelle ironisirt er sehr
gut die auswärtige Politik Frankreichs, indem er
den „grandes phrases sur l'indépendance des
peuples", wie sie auf der Tribüne und in der
Presse stereotyp sind, die ewigen Einmischungs=
gelüste und Interventionsversuche gegenüberstellt.
Die edle Schamhaftigkeit eines redlichen Patrioten
glüht sodann in den Worten, womit Herr Gasparin
die Verwendung der Turkos, den Treubruch von
Laon und die Wortbrüchigkeit so vieler französischer

Offiziere stigmatisirt. Er gesteht auch, daß die
Gesindelbanden, welche aus allen Ecken und Enden
der französischen „Republik" zur Hilfe zogen, dem
Lande keineswegs irgendeinen Vortheil verschafften,
sondern nur das Kriegsunglück desselben vermehrten.
Ebenso die Waffenlieferungen von seiten Englands
und Amerika's, weil sie die Verlängerung des
Krieges ermöglichten.

Am Schlusse des Bandes kommt der Verfasser
auf die „revanche" zu sprechen, worüber er ganz
anders denkt als die Messieurs Thiers und Gambetta. Seine bezügliche Darlegung ist voll kenntniß-
reicher und feiner Bemerkungen. „Die moralische
Ueberlegenheit hat uns besiegt. Es ist heute gewiß, daß die Deutschen uns überlegen sind. Alle,
aus allen Klassen, sind ausmarschirt, haben gehorcht
und gefochten, sind ohne Murren gestorben, mit-
schaffend an dem ungeheuren Werke, keinen Augenblick an's bloße „Glänzen" denkend. Ihre Sitten
waren tadellos, keine Saufbolderei, keine frechen
Zumuthungen gegen Frauen und Mädchen. Zählt
noch hinzu die Bildung, die Würde, den Familiensinn, die Treue, den Seelenschwung, dessen wir

nur allzu häufig ermangeln, und vergeßt auch nicht die Wahrhaftigkeit, diesen thatsächlichen Herzens= adel; vergleicht endlich mit unserer systematischen Lügnerei die Aufrichtigkeit, die Einfachheit, die Nüchternheit der deutschen Kriegsberichte." Die Summe seiner Untersuchungen hat der Verfasser, wie mir scheint, in folgenden Sätzen gezogen: „Ich sehe unseren Feind weniger draußen als drinnen, weniger in Deutschland als in Frankreich. Ich sehe unsere Niederlage anderswo als bei Sedan und Paris. Ich erblicke unsere Rache anderswo als in einem über Deutschland davongetragenen Siege. Es handelt sich darum, einen Sieg über uns selbst zu erringen. Es handelt sich darum, etwas anderes zu reorganisiren als unsere Armee: unser Volk, unsere Vorstellungen, unsere Sitten, unsere Seelen müssen wir wiederherstellen. Rache oder Reform? das ist die Frage! Wollen wir diese oder jene? Die eine schließt die andere aus. Die wahre und große Rache aber das ist die wirk= liche und große Reform." Unterstützt! Doch kann ich leider nicht glauben, daß diese gasparin'sche Motion von der französischen Nationalversammlung

oder von der Nation selber für erheblich erklärt
oder gar angenommen werde.

---

8. Juni.

Als Voltaire in seinem berühmten an Mr. de
Chauvelin gerichteten Briefe vom 2. April 1764
das Herankommen der Revolution des bestimmtesten
prophezeit hatte, fügte er hinzu, die jungen Leute
seien recht glücklich; denn was würden sie nicht
alles sehen und erleben! Nun, ich denke, viele,
sehr viele der jungen Leute werden sich später des
Glückes, welches sie zu sehen und zu erleben be=
kamen, bitterlichst bedankt haben. Ich meinestheils
beneide nach allen den Thorenakten und Narren=
scenen, welche in meinen Tagen mitanzusehen ich
das Mißvergnügen hatte, die jungen Leute von
heute keineswegs um den Narretheienplunder, welchen
sie künftig zu sehen und, fürcht' ich, auch zu spüren
kriegen werden. Abgesehen von allem anderen,
wird ihnen schon die Weiberemanzipationshysterie=
seuche schwer zu leiden geben. Dieselbe greift schon
dermalen beträchtlich um sich. Eine der Tages=

neuigkeiten ist, daß in den Vereinigten Staaten eine erschrecklich große Anzahl von hysterischen ältlichen und ältlicheren Misses ihre Obernärrin, die ältlichste Miß Emmeline Fickelfackel, zur Präsidentschaftskandidatin gekürt und als solche feierlich ausgerufen haben. Unsere Nachfahren können es erleben, daß im Weißen Hause zu Washington eine quabbelige Negreß präsidentschaftet.

Die Hoseneroberungstollheit scheint drüben in Nordamerika und da hinten in Slavien am ungenirtesten zu grassiren. Die Trinkklubs der emanzipirten Damen von New-York geben, wenn nicht spirituelles, so doch spirituoses Zeugniß dafür. Von den Offenbarungen slavischer Weibergleichberechtigungsbestrebungen kriegt' ich neulich selber einen Zipfel zu sehen, einen nicht sehr appetitlichen Fetzen so zu sagen. Fuhr nämlich den Vierwaldstätter See hinauf und war das Deck des Dampfers gedrängt voll von Reisenden. Unfern von mir hatten sich drei Backfische auf Feldstühle niedergeflegelt, welche Backfische Matrosenhüte aufhatten und mit diesen Matrosenhüten matrosische Manieren auf's glücklichste verbanden. Man sagte

mir, es seien „Studentinnen", was ich jedoch
schlechterdings nicht glauben wollte. Sintemalen
ich nun bisanhero diese neueste Spielart generis
feminini nur vom Hörensagen gekannt hatte, sah
ich neugierig mir die Dinger etwas näher an,
welche mein Gewährsmann meinem entschiedenen
Unglauben zum Trotz entschieden für Studiosä
auszugeben fortfuhr*). Waren der Sprache nach
Slavinnen, erinnerten jedoch nicht entfernt weder
an die Sofia des Mickiewicz noch an die Maria
des Malczeski, weder an Puschkins Tatjana noch
an Lermontows Afdotja; dagegen entschieden an
Turgénjews Eudoxia Nikitischna Kukschin, welches
Prachtexemplar von „freiem Weibe" sie vermuthlich
zu ihrem Ur= und Vorbild auserwählt hatten.
Groß in souveräner Verachtung jämmerlicher
Toilettekünste, trugen sich diese Nihilistinnen so
emanzipirt, daß sie sich als richtige „Schmutzturten"
darstellten, schweizerisch zu sprechen. Ein mir zur
Linken sitzender deutscher Student murmelte etwas
vor sich hin, was verteufelt „touchirend" klang.

---

*) Es waren aber hoffentlich keine.   A. d. H.

Er war augenscheinlich von dieser Kommilitonschaft nicht erbaut. Derweil thaten die lieben angeblichen Studentinnen inmitten der Menschenmenge so unbefangen, als wären sie zu Hause. Langten aus einer schmierigen Botanisirkapsel Aepfel heraus und verspeis'ten dieselben aus freier Hand, den Gebrauch eines schälenden Messers als ein Vorurtheil einer „abgewirthschafteten Gesellschaft" verschmähend und Gebisse entwickelnd, welche von überwundenem Zahnbürstenstandpunkt schwarzes Zeugniß ablegten. Eine mir zur Rechten sitzende Dame vermochte, als noch auf dem gänzlich obsoleten, wissenschaftlich vollständig abgethanen Bourgeoisstandpunkt der guten Lebensart stehend, eine Gebärde des Ekels nicht zu unterdrücken. Nach abgemachtem Aepfelpraktikum ließen unsere angeblichen Studentinnen dem utile das dulce folgen, indem sie Cigarren anstecken und um die Wette dampften. Gar holdselig anzusehen! Die ganze Nachbarschaft athmete erleichtert auf, als die dreisame Horde in Viznau das Boot verließ. Meine Nachbarin zur Rechten sagte halblaut: „Jetzt ist mir die Lehre von der Entwickelung des Menschen aus dem

Affen plötzlich aufgegangen". — Hm, Verehrteste, erlauben Sie mir die Bemerkung, daß von Entwickelung im gegebenen Falle doch wohl kaum die Rede sein kann. Die Menschin steckt ja da noch so tief in der Aeffin, daß jene aus dieser kaum erst schüchtern herausguckt. — „Schüchtern? Das nennen Sie schüchtern?" — Was wollen Sie? Das Alberne und Häßliche kann doch nicht bescheiden thun, sondern muß unverschämt auftreten, um zur Mode zu werden. So war es allzeit, so wird es immer sein. — „Aber muß denn so etwas zur Mode werden?" — Augenscheinlich. Jede Zeit muß schlechterdings eine gewisse Masse von Narrheitstoff verbrauchen; sonst würde diese unendliche Masse so ins Gewicht wachsen, daß sie die ganze Menschliche Komödie erdrücken und zerquetschen müßte. Man könnte freilich mitunter auf den Gedanken kommen, das wäre gerade kein Schaden. — „Da haben Sie sehr recht. Aber was dann?" — Nichts!

9. Juni.

Also der preußische „Armeebischof" und der Hochwürdigste von Ermeland haben sich endlich gar zu mausig gemacht? So mausig, daß die Katze Staatsgewalt den beiden heiligen Leibern die Krallen wenigstens von ferne zu zeigen sich genöthigt sieht. Wirklich kratzen wird sie wohl kaum. Im Reichstag soll auch demnächst ein Gesetz wider die Jesuwider eingebracht werden. Palliativische Spiegelfechterei! So ein Gesetz würde der Jesuiterei so wenig Abbruch thun, als es der Kommunisterei Eintrag thut, wenn man in altherkömmlicher Polizeistaatsstupidität die Kommunistenapostel auf die Festung setzt. Schafft gute Schulen, aus welchen das Bonzenthum verbannt ist, und mit diesem Widerjesuitengesetz bewaffnet werdet ihr es erleben, daß die Gezieferschaft Loyola's nicht aus Deutschland gewaltsam hinausgeschmissen zu werden braucht, sondern bloß lustig hinausgelacht wird. Aber solche Schulen wollt ihr nicht, weil dieselben ein Geschlecht heranzögen, welches in der Stimmung und im Stande wäre, auch noch anderes Ungeziefer vom deutschen Boden wegzulachen oder wegzuwischen.

10. Juni.

Die wahre Lebensweisheit erfließt aus dem Bewußtsein, daß man Ursache hat, allabendlich den Göttern zu danken, wenn wieder ein Tag ohne ein Unglück vorübergegangen ist.

11. Juni.

Erinnere mich, bei einem Spanier — wenn mir recht ist, beim Quevedo, will es aber nicht bestimmt behaupten — gelesen zu haben: „Hinter dem Kreuze steht der Teufel, vor dem Altar der Pfaff und neben dem Throne der Henker." Die Weltgeschichte in nuce! Wie die kürzeste, so auch die beste Philosophie der Geschichte, welche jemals geschrieben worden.

---

12. Juni.

Wer die Frauen wirklich und innig achtet und verehrt, wird es ihnen nicht ins Gesicht sagen, weil er weiß, daß sie in Folge dessen nicht selten aufhören, achtungswerth und verehrungswürdig zu sein. Es gibt nichts Heiligeres und Liebenswertheres auf Erden als eine gute Mutter; aber wem wird es einfallen, seiner Mutter Komplimente zu machen?

---

13. Juni.

Wer in den „Erinnerungen" von Karoline Bauer das ebenso belehrende als ergötzliche Kapitel „Beim alten Dramaturgen" (S. 382 fg.) gelesen hat, wird finden, daß Heine, als er seiner Zeit den Ludwig Tieck „einen alten Muntsche" nannte, zwar sehr grob, aber noch wahrer als grob geredet habe. Tieck ist sicherlich eine der unerquicklichsten Figuren in unserer Literaturgeschichte. Ein Egoist und Neidhammel jeder Zoll. Er hat allerdings in seinen Märchen mitunter eine „mondbeglänzte Zaubernacht, die den Sinn gefangen hält", aufschimmern, hat in seinen Novellen viel anspruchsvolle Geistreichigkeit plaudern lassen, aber er hat in den höchsten Gattungen der Dichtkunst nichts geleistet. Keine einzige typische Gestalt hat er da geschaffen und dennoch wie ein Dalai Lama der

Poesie gehätschelt sein wollen. Es fehlte ihm auch nicht an Hätschelern und Hätschelerinnen. Daß ihm Frauen so unterthänig hofirten, ist fast verwunderlich, maßen der „Erzromantironikus" in seinen Schriften der Menschheit schönere Hälfte ziemlich gering- und abschätzig behandelt hat. Vielleicht darf man vermuthen, daß die Hätschelerinnen Tiecks seine Schriften nicht gelesen hatten, sondern die Tiecksmode nur eben mitmachten wie eine Hut- oder Mantillemode. So was kommt vor. Ganz kläglich wurde Tiecks romantische Impotenz offenbar, wenn er ideale Frauenfiguren schaffen wollte, Heldinnen im ästhetischen Sinne des Wortes. Seine Genovefa, seine Felicitas sind nur aus Süßholz gefertigte Gestelle, mit Goldpapier überzogen. So man nicht wüßte, daß für deutsche Gelehrte der Weg der Fartcatcherei ein leider nicht gerade ungewöhnlicher ist, würde es rein unbegreiflich sein, daß ein Literaturkundiger wie August Koberstein am 14. November von 1839 an Tieck schreiben konnte: „Ich glaube fest und inniglich, in Deutschland wird die Ueberzeugung immer tiefere und breitere Wurzeln schlagen und treiben, daß

Göthe und Sie die beiden Gipfel unserer Poesie sind und nicht Göthe und Schiller." Der Wahrspruch der Nation, der ganzen gesitteten Welt ist anders ausgefallen, als Herr Kobenstein weiszusagen sich bemüssigt fühlte. Der Tieckismus hat gar keine Wurzeln getrieben. Schiller, von welchem Tieck nie reden konnte, ohne vor Neid einen Anflug von Grüngelbsucht zu bekommen, blüht und wirkt in ewiger Jugend über den Erdball hin; aber wer denkt heute noch an die Bimbambumelei der „Genovefa", des „Zerbino", „Oktavianus" und „Fortunat"? Kaum daß dann und wann noch ein Leckerbißling von Leser sich eine tieck'sche Novelle als Kaviar auf's Butterbrot streicht.

14. Juni.

Noch immer allgemeines Spektakel in der europäischen Presse über die Reise des italischen Kronprinzen Umberto und seiner Frau nach Berlin und über die Herzlichkeiten, welche zwischen diesen Gästen und der preußischen Königsfamilie ausgetauscht worden sind. Jeder gewechselte Hände=

druck wurde notirt und telegraphirt. Ich mußte dabei unwillkürlich der Händedrücke und sonstigen Herzlichkeiten denken, welche Anno 1865 zwischen Wilhelm und Franz Joseph und Anno 1867 zwischen Wilhelm und Verhuell gewechselt wurden. Die Interessen der Völker sind eben heutzutage, wo die Wechsel auf die Firma Jenseits u. Komp. im Grunde allen Kurs verloren haben, entschieden viel mächtiger als alle die Händedrücke von Kaisern und Königen. Allerdings wäre eine aufrichtige und feste Allianz zwischen Deutschland und Italien wirklich ein recht nettes Ding und sie könnte eine aufrichtige und feste sein. Denn beide Reiche haben ja ein gemeinsames Interesse, weil einen gemeinsamen Feind, den Jesuitismus mit seiner handlich zugeschnitzten Taschenprovidenz, dem unfehlbaren Papst-Gott. Die Vernünftigkeit, die logische Nothwendigkeit einer deutsch-italischen Allianz wird auch bedeutsam illustrirt und nachdrücklich bezeugt dadurch, daß der alte Stänker Thiers in seinem Leibjournal „Bien public" in höchster Erbosung wie ein richtiger welscher Hahn darüber kollert und krächzt.

15. Juni.

In der Jugend ist die Freude am Ewigschönen nur ein Vergnügen, das man auch so mitnimmt. Im Alter wird sie zu einer Andacht, zu einem Gottesdienste, von welchem der und das Profane „fern entweicht". Dieser Kult ist die edelste Freimaurerei, unverständlich und unzugänglich für den großen Haufen, für den Pöbel bis hoch hinauf. Die menschlichen Thorheiten und Leidenschaften müssen draußen vor der Pforte des Heiligthums bleiben wie die Erinnyen vor der Schwelle des Apollon-Tempels zu Delphi. Drinnen waltet heilige Stille und tritt der Geweihte in Verkehr mit den Göttern, mit den Idealen, die ihm erscheinen und zu ihm reden in Wort und Klang, in Farbe und Bild. Wer solcher Offenbarung theilhaft wird, kann nie ganz unglücklich sein; wem sie niemals genaht, wem ihre Stimme niemals erklungen, der weiß nichts von höchstem Glück. Es ist doch eine unsäglich traurige Thatsache, daß Millionen und wieder Millionen von Menschen zu Grabe gehen müssen, ohne die Weihe und den Segen, welche vom Schönen ausstralen, jemals erfahren zu haben.

Andererseits erregt es nicht geringe Theilnahme, zu beobachten, wie der Kult des Idealen auf Menschen wirkt, deren ganzes Trachten auf das Reale im realsten Sinne gestellt zu sein scheint. Da ist z. B. Macchiavelli, den die Menge, ich meine die „gebildete", nur als den Diplomatiker par excellence, als den Professor der Tyrannenkunst, wenn es hoch kommt, als einen scharfblickenden Realpolitiker kennt. In Wahrheit war dieser Lehrer der höheren Analysis der Politik ein glühender Idealist, welcher schon zu Ende des fünfzehnten Jahrhunderts den damals gewiß superlativisch idealistischen Gedanken eines italischen Nationalstaates hegte und pflegte. Auch in dem Heiligthum, über dessen Eingange geschrieben steht: „Nil parvum aut humili modo, nil mortale"*) — war er heimisch. Wie heimisch, das bezeugt schon sein berühmter Brief an Francesco Vettori, worin der seines Staatssekretariats Entsetzte und aus dem geliebten Florenz Verbannte sein Landleben schildert. Wie ein richtiger Krautjunker, „in Gemeinheit eingemummt",

---

*) Nichts Kleinliches oder von gemeiner Art, nichts Vergängliches. N. d. H.

verbringt er seine Tage. Aber wann die Nacht gekommen, kehrt er nach Hause zurück und geht in sein Bücherzimmer. Auf der Schwelle wirft er die bäuerischen Kleider ab und zieht prächtige Hofgewänder an; denn — sagt er — „ich gehe ja zu Hofe bei den großen Alten, den antiken Klassikern. Freundlich von ihnen empfangen, sättige ich mich mit der Speise, welche allein die mir zukömmliche ist, für die ich geboren ward. Da hält mich keine Furcht zurück, mit ihnen zu reden, sie nach den Motiven ihrer Handlungen zu fragen, und herablassend antworten sie mir. Vier Stunden lang bin ich gramfrei und kummerlos, vergesse alle Schmerzen, fürchte die Armuth nicht und scheue nicht den Tod. So ganz versenke ich mich in die Herrlichen und gehe in ihnen auf." Der also für das Schöne begeisterte Staatsmann hat auch ein Kunstgebilde von unvergänglicher Dauer im Tempel aufgestellt, seine Komödie: „La Mandragola", welche ganz die üppigen Züge der italischen Renaissance trägt, aber nicht allein ein poetisches, sondern ebensosehr ein kulturgeschichtliches Monument ihrer Entstehungszeit ist. Auch ein Hauch von Prophetie geht durch Macchiavelli's Meister-Komödie wie eben durch jedes echte Dichterwerk. Das Prophetische darin ist die vorweggenommene, seither nie wieder erreichte, geschweige übertroffene Zeichnung des Jesuitismus, bevor der Jesuiten-Orden erfunden wurde.

Es ist doch sehr beachtenswerth, zu welcher Feinheit und Freiheit des Denkens die Menschen gelangt sind lange vor unserer auf ihr Alleswissen und Allesbesserwissen so lächerlich eingebildeten Zeit. Sollte diese hochmüthige Einbildung nicht mitunter aus Bornirtheit erfließen, aus dem Mangel an umfassender Bildung, aus dem Beiseitestellen gerade solcher Anschauungen und Studien, welche allein die Menschen zu Menschen hinaufzubilden vermögen? Ach, man ist nur allzu berechtigt, von einer Entgeistung und Entgötterung unserer hochgepriesenen Civilisation zu sprechen. Daher auch das Sichbreitmachen der Mittelmäßigkeit, der ordinären Routine, des seellosen Banausierthums. Jeder dumme Junge, dem es gelungen, einen Frosch zu schinden oder ein Kaninchen zu Tode zu quälen, ist von dem Bewußtsein, ein Naturforscher zu sein, bis zum Bersten aufgebläht und wähnt mit souveräner Verachtung auf Dinge herabsehen zu dürfen, von deren unberechenbarer Wirksamkeit und Lebensmächtigkeit er gar keine Vorstellung hat. Schon die Kenntniß der Kulturarbeit des achtzehnten Jahrhunderts allein würde hinreichen, unsere Herren Materialisten etwas bescheidener zu machen. Sie haben in der Detailforschung höchst Rühmliches, Außerordentliches geleistet, ganz gewiß; was aber das Gesammtresultat ihrer Thätigkeit, die Totalität der materialistischen Weltbetrachtung, angeht, so wissen sie gerade so viel, wie die Condillac, Cabanis und La Mettrie gewußt haben, und nicht mehr, als schon vor nahezu vierundzwanzig Jahrhunderten die Xenophanes und Parmenides wußten.

Nicht die sogenannten exakten Wissenschaften, von deren Pflegern heutzutage viele so thun, als gäbe es außer denselben nichts Beachtenswerthes mehr in der Welt — nicht sie, sondern vielmehr das Schöne und sein Dienst, die humanen Studien, sind es gewesen, welche inmitten einer mönchisch verfinsterten Welt das Licht der modernen Kultur zuerst angezündet, inmitten einer dumpfen

Sklaverei die Menschen zuerst wieder die magische
Macht des Wortes „Freiheit" empfinden gemacht
und das glorreiche Banner des Vorschrittsheer=
führers „Zweifel" aufgepflanzt haben. Von einem
Schönheitsstral, der aus dem Alterthum herüber
in seine Seele gefallen, war das Schauen und
Schaffen eines deutschen Dichters durchglüht, wel=
cher uns schon auf der Schwelle zum dreizehnten
Jahrhundert begegnet, um Zeugniß abzulegen, wie
schon damals denkende und wissende Menschen aus
dem Asyl hervor, welches die holde Trösterin
Ironie ihnen aufgethan, über die Dummheit ihrer
lieben Mitchristen sich lustig machten und der pfäffi=
schen Geisterverknechtung spotteten. Gottfried, der
Stadtschreiber (?) von Straßburg, dessen Gedicht
allein schon den Deutschen ein unverjährbares An=
recht auf den Besitz seiner Vaterstadt gab, hat sich
da, wo er lächelnden Mundes erzählt, wie seine
Heldin die gottesgerichtliche Feuerprobe glücklich
bestand, als Eigner eines Grades von Geistesfrei=
heit und Freimuth dokumentirt, um welchen ihn
zu beneiden mancher moderne und modernste idea=
listische oder materialistische Philosoph alle Ursache

hätte. Kein Schelling und kein Hegel würde es gewagt haben, keiner unserer modischen Kraftstoffel würde es wagen, von einem neuzeitlichen Afterglauben, etwa von dem der gottesgnadenthümlichen Monarchie, mit so vernichtendem Hohne zu sprechen, wie Gottfried von dem mittelalterlichen Afterglauben der Ordalien gesprochen hat. Auch Buddha-Schopenhauer nicht, dessen „Philosophie" eine so eigenthümliche Beleuchtung erfuhr durch seine neulich veröffentlichten Briefe an Dr. Asher, in welchen der „Philosoph" als von einer grotesk-komischen Eitelkeit förmlich besessen sich darstellt.

Ich durchblätterte heute wieder einmal das Gedicht des Straßburgers und verweilte mit Hochgenuß bei der reizenden Stelle, wo Tristan als Tantris die goldhaarige Isolde in der „Kunst, die lehret schöne Sitte", unterweist, in der Moralitas („moraliteit"). Da sprangen mir — die Götter wissen, wie — die Gedanken von der mittelalterlich-höfischen Moralitas plötzlich zu der bekannten preußischen Korporalitas hinüber, welche sich wie ich von ganz glaubwürdigen Leuten vernehme, dermalen in Süddeutschland vielfach sehr unangenehm macht. Diese Korporalitas („korporaliteit" würde Gottfried sagen) ist jener specifisch preußische Uniformdünkel, welcher das Stockscepter Friedrichs des Großen verschluckt und immer noch nicht verbaut hat. Daher jene Steifholzigkeit, welche bei einer Wachtparade in Potsdam ganz am rechten Platze sein mag, in Süddeutschland aber entschieden am unrechten ist.

Unter Männern, welche die Dinge sehen, wie sie sind, kann es nicht mehr fraglich sein, daß die deutsche Nation durch ihr ganzes Verhalten von 1848 an die vorläufige Verpreußung Deutschlands zu einem unabwendbaren Verhängniß gemacht hat. Aber die Machthaber in Berlin mögen ihren in Süddeutschland thätigen Werkzeugen wohl einschärfen, daß sie es nicht mit Pommern, Märkern und anderen an die Korporalität seit langer Zeit gewöhnten, in dieselbe förmlich eingelebten Willpreußen, sondern mit Pfälzern, Schwaben, Baiern, mit süddeutschen Mußpreußen zu thun haben. Die wollen sanfter angefaßt sein und können nicht so mir nichts dir nichts unter die preußische Schablone gebracht werden. Dazu ist die süddeutsche

Natur und ist das süddeutsche Menschenleben zu vielgestaltig, zu farben- und tönereich, zu beweglich und flüssig. Mag sich die Korporalität nicht darauf steifen, daß sie ja auch die Rheinländer glücklich verpreußt habe! Erstens ist diese Verpreußung doch noch immer eine nur äußerliche, und zweitens leben wir heute nicht mehr in den Zeiten der Heiligen Allianz, wo die Völker mundtobt gemacht waren.

In allem Ernst, jeder, welchem die Erhaltung der Reichseinheit Herzenssache ist, müßte tief bedauern, wenn der reichsverfassungsmäßig geheilte Riß zwischen Süd- und Norddeutschland wieder aufgethan würde durch ein ungeschicktes, barsches, allzu „stramm" korporalisches Vorgehen Preußens unter den süddeutschen Bevölkerungen. Verfassungsmäßige Rechte und kontraktliche Befugnisse allein thun es nicht. Hier wäre das viel mißbrauchte Wort von den „moralischen Eroberungen" am rechten Orte, in Handlungen übersetzt. Die Süddeutschen sollten und müßten durchwegs so behandelt werden, daß sie zu dem Glauben, zu der Ueberzeugung berechtigt werden, die Reichspreußenschaft sei nur ein nicht allzu langes Durchgangsstadium zur Reichsdeutschheit. Wird dieser Glaube, diese Ueberzeugung der Süddeutschen durch die Korporalitas zur Unmöglichkeit gemacht, so wird das dem neuen Reichsbau viel gefährlicher werden, als alle die Unterminirungsversuche sind, welche von seiten giftiger Pfaffen, gehirnweicher Partikularitäts=Philister und großmannsmäuliger Pseudo=Demokraten ausgehen. Alle denkenden und redlichen Süddeutschen wollen zweifelsohne treu zum Reiche stehen; aber sie wollen auch unzweideutige Bürgschaften haben, daß man nicht damit umgehe, sie zu korporalisiren und zu vermühlern — welch letztere Gefahr mit dem Gegangenwordensein des Herrn von Mühler keineswegs schon beseitigt ist.

Preußen muß erst thatsächlich beweisen, daß ihm aufrichtig darum zu thun sei, aus dem Staate der „Regulative" wirklich zum Staat der Intelligenz zu werden, so es die Süddeutschen überzeugen will, daß ihm nicht allein die militärische und diplomatische, sondern auch die moralische Führung gebühre. Wie kann von einem solchen Anspruche die Rede sein, so lange die sträfliche Vernachlässigung andauert, welcher in den letzten zwanzig Jahren das preußische Volksschulwesen anheimgefallen ist? Mußte nicht jedem Deutschen, dem man im Auslande Komplimente machte über den hohen Stand der Volkserziehung in Deutschland, die Schamröthe auf die Wangen getrieben werden durch die statistischen Nachweise, welche in der preußischen Abgeordneten-Kammer gegeben wurden über den wirklichen Zustand des Volksunterrichts in ganzen Bezirken, in halben, in ganzen Provinzen? Für alles und jedes hat man Geld, nur nicht für die einzige wirklich reale Basis des modernen Staates, nur nicht für die Volksschule, welcher man höchstens von Zeit zu Zeit ein verächtliches Almosen zuwirft — wie neulich wieder — und die man im übrigen der Versimpelung durch eine versimpelte Bonzenschaft preisgibt. Sind die Folgen einer frevelhaft hintangesetzten Volkserziehung, wie sie über Frankreich hereingebrochen, etwa nicht abschreckend genug? Wird man in Berlin erst dann die Augen aufthun, wann es zu spät, das heißt, wann die Massen durch ihre Unwissenheit hier in das Lager der schwarzen und dort in das der rothen Jesuiten getrieben sind?

Aber man scheint in der Reichshauptstadt wirklich für „moralische Eroberungen" zu rüsten. Der Herr Reichskanzler hat ja schon am 30. und 31. Januar in der preußischen Abgeordnetenkammer sozusagen die Heerpauke gerührt und derselben Töne entlockt, die wie das Präludium zu einer „neuen Aera" klangen. Das Wort steht freilich nicht im allerbesten Geruche: diesmal indessen könnte aus der bloß gemalten neuen Aera eine wirkliche werden, wenn — nichts dazwischenkommt. Leute, die zwar nicht das Gras, aber doch verschiedenes anderes wachsen hören, meinen freilich, die Reden des Herrn Reichskanzlers an den bezeichneten Tagen bezeugten selber, daß bereits etwas dazwischen gekommen sei. In Wahrheit, diese Reden sind ein sonderbares Stück Kriegserklärung gewesen. Es ist, wie wenn man einer Armee den Krieg erklärte, zum Obergeneral derselben aber sagte: „Excellenz, wir sind und bleiben die besten Freunde von der Welt." Fürst Bismark kann doch unmöglich glauben, mittels einer Berufung vom schlecht unterrichteten Papst an den besser zu unterrichtenden etwas zu gewinnen. Der Papst kann ja gar nicht schlecht unterrichtet sein; denn er trägt alle Weis=

heit des Himmels, der Erde und der Hölle beständig in seinem unfehlbaren Bauche mit sich herum wie jener indische Brahman das weltenverzehrende Zornfeuer Siva's.

Einen geradezu peinlichen und bemühenden Eindruck machte der dem Herrn Reichskanzler schlecht zu Gesichte stehende advokatenkniffige Versuch, zwischen dem staatsfeindlichen Jesuitismus und „Sr. Heiligkeit" einen Unterschied zu statuiren. Den Syllabus-Pius von der Jesuiterei trennen wollen, und zwar gerade zur selbigen Zeit, wo dieser Syllabus-Pius seinen hochwürdigen Bruder, den Erzbischof von München, frei und frank aufgefordert hatte, den begonnenen Kreuzzug gegen den Staat tapfer zu führen — nein, das war wohl eines beliebigen Schlaumaiers, nicht aber eines Staatsmannes würdig, der mittels offen und ehrlich proklamirter „Blut- und Eisenpolitik" das neue deutsche Reich geschaffen hat. Es scheint fast, als ob „the formidable chancellor" am 30. und 31. Januar auch einmal echternach-springprozessionärisch habe hüpfen wollen; aber solches Gehüpfe sollte er billig den patentliberalen Heuschrecken überlassen, an deren Ruf nichts mehr zu verderben ist. Er weiß so gut wie irgendwer, daß man mit den Erz= und Todfeinden des neuen Reiches, mit den Römlingen, vom pontifex maximus bis herab zum pontificulus minimus, nicht paktiren kann, sondern kämpfen muß, und er weiß gewiß auch — nicht weniger gut als die alte gescheide und derbe Elisabeth Charlotte von der Pfalz — daß es „einfältig, zu glauben, man könne Höflinge und Pfaffen durch Milde und Sanftmuth gewin=nen", da man doch mit denselben „nur fertig wird, so man ihnen den Daumen gleich recht fest aufs Auge drückt".

Freilich, die Kirche ist von einer Zähigkeit sondergleichen. Kaum ja war das Netz, welches sie mit Duldung und Beihilfe der deutschen Regierungen seit 1849 geknüpft hatte, um dasselbe im traulich=sten Zusammenwirken mit der Franzoserei dem Deutschthum über den Kopf zu werfen, durch das deutsche Siegesschwert von 1870 zerhauen, so be=gann sie schon wieder die durchschnittenen Fäden zu Maschen zu drehen und geschah dies mit einer solchen Frechheit, daß es die Staatsgewalten schlechter=

dings sehen mußten. Es scheint nun auch, daß
die Herren Mandarinen von der höheren Knopf=
ordnung aus dem Verlaufe ihres früheren Asseku=
ranz=Kompagnie=Geschäftes mit den Herren Bonzen
etwas gelernt hätten. Doch ist Bestätigung immer=
hin abzuwarten und demzufolge, wie z. B. in
Baiern neuerlichst Herr von Lutz sich dreht und
schwenkt, ist wahrhaftig nicht gar viel zu erwarten.
Um so weniger, als die überstiegenen, ja geradezu
lächerlichen Hoffnungen, welche die Bureaukratie
auf die „altkatholische" Seifenblase gesetzt hatte,
deutlich genug zeigten, daß sie des Wahnes lebt,
man vermöge den Fels Petri mit Schneeballen
umzuwerfen. Was die genannte Seifenblase an=
geht, so hat sie für die Augen wissender und
denkender Beobachter nie verheißungsvoll geschillert
und — doch basta! Ich sehe, es ist spät in der
Nacht und der gute Leopold Schefer that recht, zu
sagen:

„Die Nacht ist himmlisch und ein göttlich Wunder,
Die schönste aber ist, die man verschläft."

---

16. Juni.

Hölderlin hat einmal gesagt: „Nun versteh' ich den Menschen erst recht, da ich fern von ihm und in der Einsamkeit lebe." Die Einsamkeit braucht aber nicht die eines Waldbruders zu sein. Jeder Mensch, dessen Gedanken von Eigenwuchs sind, trägt inmitten der Gesellschaft seine Einsiedler=klause mit sich herum. Jeder ehrliche Beobachter und unbefangene Urtheiler sitzt in der Gitterloge und läßt den buntscheckigen Fasching des Daseins an sich vorüberwirbeln. So lange du selber den „Jahrmarkt von Plundersweiler" beziehst als Käufer oder Verkäufer, so lange du im Gedränge und Getriebe desselben handelst oder mit dir handeln lässest, wirst du dir kein richtiges Gesammtbild von diesem Jahrmarkte machen können. So lange du die Losung einer Tages= oder Jahresmode mit=schreist, werden dir Verstand, Menschenkenntniß und Erfahrung vergeblich in die von der eigenen Stimme betäubten Ohren raunen: Aber das alles ist ja der bare, blanke Humbug! Merkst du denn nicht, daß ein Drittel der ganzen Schreierschar vom Interesse, das zweite von der Eitelkeit, das dritte von der Unwissenheit bestimmt und geleitet wird?

Mir fällt ein, daß ich oft nachdenklich vor zwei Prachtquellen gestanden, welche weit hinten im Glarnerland entspringen, halbwegs zwischen Stachelberg und dem Tödihaus. Hart am Wege brechen sie am Fuß einer ungeheuren Felswand in der Stärke von zwei Bächen hervor, mächtig, tief, rasch fließend, kristallen, erfrischend schon durch den bloßen Anblick. Etliche hundert Schritte weiter unten im Thale fallen sie in die gletscherschmutztrüb in ihrem Felsenbette tobenden Gewässer der Linth und mit der Quellenherrlichkeit ist es vorbei.

Aber was wüßte der Quell vom Strome, so er sich nicht mit demselben mischte? Was wüßte der Mensch von der Gesellschaft, wenn er nicht in und mit ihr lebte? Beiseitestellen kann und darf sich nur, wer im Gedränge mitgehandelt und mitgelitten hat, und wer sich nicht auf dem erwähnten Jahrmarkte tüchtig umgetrieben, der wird aus der Ferne niemals eine richtige objektive Ansicht von der Plundersweilerei gewinnen. Freilich erhält das Beiseitestehen auch dann, wann es nach dem

Mitumtreiben und Mitumgetriebenwerden im Gewühle erfolgt, leicht einen Anstrich von Egoismus und Dünkelhaftigkeit. Allein hierüber muß man sich mit dem Bewußtsein trösten, daß es doch sein Angenehmes hat, sich glücklich aus der Kleie ausgemischt zu haben und nicht von den Schweinen gefressen worden zu sein. Auch ist ja nicht zu befürchten, daß die großen Tageskritiker unserer Zeit dem Beiseitestehenden mißbilligend die Eingangsverse vom zweiten Buch des Lukretius zurufen; denn diese Herren kennen den Lukrez so wenig wie noch vieles andere.

---

17. Juni.

Weltgeschichtliche Gewitter reinigen, sagt man, die moralische Atmosphäre wie Blitz und Donner die physische. Es ist etwas daran, obzwar der Satz, wie eben jede Regel, seine Einschränkung hat. Wer denkt zum Beispiel jetzt, nach den Ereignissen von 1870/71, noch an den Zank und Stank, welcher aus Gelehrtenstuben hervorschrillte und aufqualmte bei Erörterung der historischen

Streitfrage, ob Oesterreich ober aber Preußen zum Untergange des tiefunseligen Heiligen Römischen Reiches Deutscher Nation das meiste ober aber das mindeste beigetragen hätte. Es war eine förmliche Keilerei zwischen "großdeutschen" und "kleindeutschen" Historikern. Wie die Herren erhitzt aussahen! Wie sie einander giftmörderische Blicke zuschleuderten, einander die Argumente zerzausten, die Citate striegelten, ja einander sozusagen in die "Quellen" pi—rouettirten! Haust du meinen Thugut, so hau' ich deinen Lucchesini; puffst du meinen Haugwitz, so ohrfeig' ich deinen Kobenzl. Eine ganze Bibliothek wurde glücklich zusammenpolemisirt; denn es regnete Repliken und schneite Dupliken. Und das alles "um Hekuba"! Keiner der leidenschaftlich erbosten Kämpfer hatte so viel Gerechtigkeitssinn im Leibe, um zu fühlen und zu bekennen, daß die Politik und Kriegführung Oesterreichs und Preußens in der ganzen Zeit von 1792 bis 1806 gleich undeutsch und jammersälig gewesen sind, und daß man das Verhalten des berliner und des wiener Hofes am besten charakterisirt, wenn man in Anlehnung an eine bekannte Weise reimt:

Recht that keiner von den beiden
In dem Streit von dazumalen,
Und weil beide viel verschuldet,
Mußten beide tüchtig zahlen.

Die für Oesterreich plaidirenden Historiker-Advokaten oder Advokaten-Historiker hätten mancherlei neue Beweismittel aus den reichhaltigen neuerdings von Vivenot und von Arneth zu Tage geförderten Schätzen des wiener Staatsarchivs ziehen können. Aber ganz abgesehen von der berührten Kontroverse, wo beiderseitig so viel Fleiß und Wissen, aber auch so viel Befangenheit und Rabulisterei aufgewendet wurde, müssen Vivenots und Arneths Gaben im Namen der Geschichtewissenschaft hochwillkommen geheißen werden. Insbesondere die jetzt so umfassend erschlossene Korrespondenz Kaiser Josephs II. Damit hat Deutsch-Oesterreich der deutschen Historik ein Geschenk gemacht, für welches diese nur dankbar sein kann, wie sie allen Grund hatte, dem Herausgeber auch für seine treffliche, so manches Dunkle hellende Geschichte der Kaiserin Maria Theresia ihren aufrichtigen Dank zu zollen.

Ueberhaupt ist es, will mir scheinen, dermalen

für jeden, der in wissenschaftlichen, literarischen und künstlerischen Dingen mitredet, nicht allein schicklich und billig, sondern geradezu eine ernste Pflicht, dem Mitarbeiten der Deutsch=Oesterreicher am großen Werke deutscher Kultur mit liebevoller Aufmerksamkeit zu folgen. Wir dürfen keine Gelegenheit versäumen, unseren Brüdern an der Donau zu sagen, daß sie uns und wir ihnen gehören, trotz alledem und alledem! Das ist ein Band, welches keine prager Friedensscheere zerschneiden kann, noch auch das zweischneidige Messer der Ausgleichspolitik. Wir älteren Leute erinnern uns noch jetzt gerne des ergreifenden Eindruckes, welchen es in den dreißiger Jahren auf uns machte, als plötzlich aus dem metternichig gegen Deutschland zugemauerten Oesterreich so grundbeutsche Klänge hervorbrachen, wie Grün und Lenau sie anstimmten, und heute fühlen wir mit Beschämung, daß wir dem Dichter der „Sappho" und der „Hero" unsere Verehrung und Liebe viel zu spät entgegengebracht haben. Möchte diese Versäumniß wenigstens nach Möglichkeit gesühnt werden dadurch, daß die in Aussicht gestellte Gesammtausgabe der

Werke Grillparzer's zu einem nationalen Gemein=
gut wird. Viel des Besseren von deutscher Art und
Kunst bringen uns gerade jetzt auch die gesammel=
ten Werke Bauernfelds und es heißt einem Todten,
dem unlängst heimgegangenen Halm, nur Gerechtig=
keit widerfahren lassen, wenn man sagt, daß sein
„Fechter von Ravenna" doch eine der wirksamsten
nationalen Thaten war, vielleicht sogar die
theatralisch=wirksamste von allen, welche seit dem
Tode Schillers der tragischen Muse unseres Landes
gelungen sind.

Ja, wir sollen jede Veranlassung und Gelegen=
heit benützen, die geistige Wechselwirkung mit unseren
Brüdern in Oesterreich zu pflegen und zu fördern.
Jeder deutsche Ton, der von dorther klingt, soll
einen Widerhall in unserer Brust finden. Da ist
mir vor kurzem ein Büchlein zugeflogen aus den
tiroler Bergen, ein Büchlein von nur zwölf Blättern,
aber werth= und weihevoll durch Gedankengehalt
und Formschönheit: „Der Hexenmeister", von Adolf
Pichler. Eine tiroler Dorfgeschichte in Versen,
schlicht vorgetragen, aber so, daß man des Dichters
Herz in jeder Zeile pochen fühlt. Die Maschinerie

ist ganz einfach, aber die bäuerliche Tragödie, deren Held der „Hexenmeister", zieht mit einer Anschaulichkeit, welche der Gestaltungskraft Pichlers ein glänzendes Zeugniß gibt, an unseren Augen vorüber. Nur wenige feste Striche und eine Figur oder eine Situation steht leibhaft vor uns. Wenn zum Beispiel der Dichter von dem Hochwürdigen, welchem des Hexenmeisters Ehefrau ihr Hab' und Gut vermacht, den Betrogenen sagen läßt:

> „Den kannt' ich ja! er trug des Stieres Nacken
> Und Waden gleich dem Butterfaß" —

so erblicken wir in dem Gezeichneten sofort einen jener schweren schwarzen Dragoner, welche mit dem Pallasch der Dummheit vor dem Tabernakel der tirolischen Glaubenseinheit Schildwache stehen und denen es glücklich gelungen ist, ihr schönes Heimatland zum geistesärmsten und unwissendsten aller deutschen Länder zu machen, nicht einmal Mecklemburg ausgenommen, wo doch Urbonze Kliefoth und Konsorten alles Bonzenmögliche im Verdummungsgeschäft geleistet haben.

---

18. Juni.

Pichlers Büchlein hat mir wieder einmal so recht das Gefühl nahegebracht, mit welchen Hemmungen, Hindernissen, Beschwerlichkeiten und Gefahren die Deutschen in Oesterreich zu kämpfen haben, so sie ihre Deutschheit bewahren und geltend machen wollen. Das ist fürwahr ein ganz anderes Deutschsein, als jenes selbstgefällige und anmaßliche Deutschthun der süßen Glattschwätzer im neuen deutschen Reiche, deren ganzer Patriotismus eigentlich darin bestand und besteht, daß sie den Speichel des Erfolges leckten und lecken, und die jetzt herumsteigen, als wären sie die Generalpächter nationaler Gesinnung und Politik. Diese Menschen lassen auch keine Gelegenheit vorübergehen, den Deutsch-Oesterreichern eins anzuhängen. Natürlich! Das freiheitliche Element, welches in den Deutschen Oesterreichs so entschieden herausgebildet ist, erregt den Fartcatchers des Korporalismus Unbehagen. Sie möchten um jeden Preis verhindern, daß das Gegengewicht des süddeutschen Demokratismus gegen den norddeutschen Absolutismus verstärkt werde durch das Gefühl der Zusammengehörigkeit mit den Deutsch-Oesterreichern. Sie können sich ja den deutschen Nationalstaat nur in der Form einer preußischen Kaserne vorstellen und haben keine Ahnung davon, daß diese Form schlechterdings gesprengt werden muß, wenn sie ihren allerdings nicht wegzuleugnenden, aber doch hoffentlich nur vorübergehenden Zweck erfüllt hat.

Es dürfte auch die Zeit gar nicht ferne sein, wo eine unwankbare und thatkräftige deutsche Gesinnung der Deutschen in Oesterreich für das deutsche Reich von außerordentlicher Wichtigkeit werden könnte, ja wohl zu einer Lebensfrage. Freilich steht zur Stunde Deutschland so sieghaft, mächtig, gebietend und gefürchtet da, daß es thöricht scheint, Besorgnisse zu hegen. Aber hinter diesem Schein von Sicherheit steht das Wesen der Gefahr. Unsere Nation hat sich zu plötzlich und zu hoch emporgehoben, um nicht beneidet und gehaßt zu sein: Ich sehe so ziemlich alle Nachbarn mit neidgrünen Augen auf mein Vaterland starren. Ich sehe aber selbst Kinder Germania's frevelhafte Gedanken gegen ihre Mutter erheben, in der Hoffnung, bei Gelegenheit frevelhafte Hände gegen dieselbe erheben zu können. Ich sehe den Judas rastlos durch die deutschen Gauen schleichen, heute mit der Inful und morgen mit der rothen Mütze auf dem Kopfe, hier mit der Loyoliten-Kutte und dort mit der Kommunisten-Blouse angethan. Ich vernehme von den holländischen Marschen her das Früh- und Spätgebet einer deutschen Königstochter: „O Herr, züchtige und vernichte Preußen, und müßte dabei auch ganz Deutschland für immer zu Grunde gehen!" Ich höre den Klang welfischer Silberlinge auf den Pulten käuflicher Redner und gekaufter Skribenten und ich höre auch ein Verschwörungsgemurmel aus Junkerschlössern und Sakristeien, wie man es anstellen müßte, den in römisches Gift getauchten Rheinbundsdolch dem verhaßten deutschen Reiche in den Rücken zu stoßen.

Alle diese inneren Feinde der Nation sind selbstverständlich jeden Augenblick bereit, mit den äußeren gemeinsame Sache zu machen, so sie das mit einiger Aussicht auf Erfolg zu thun vermögen. Und die äußeren Feinde? Sie harren und lauern, und gar mancher ist ein Feind, der jetzt so süßfreundlich thut, daß er, mit dem armen Grabbe zu reden, vor lauter Süßthun stinkt. Von dem besiegten Frankreich ist freilich vorderhand gar nichts zu besorgen. Das rutscht ja auf der schiefen Ebene der Phrasenhaftigkeit und des Parteihaders unverbesserlich und unaufhaltsam dem Zustande der Spanischkeit entgegen. Das französische Zuckerpapier hat auch bedeutend im Preise abgeschlagen. Sogar hier in der Schweiz, wo doch die Schwärmerei für die französische „Republik" vor Jahresfrist hoch ins blaueste Blau gegangen ist. Nun, diese „Republik" hat ja ihre wahre Natur so thierisch geoffenbart, daß dadurch wohl auch dem dümmsten Jungen der Dippel gebohrt werden mußte. Selbst so gehirnweiche Gesellen wie die italischen Nichtgenerale und Unstaatsmänner Lamarmora, Cialdini, Bonghi und Kompagnie dürften dermalen nicht mehr franzosennärrisch genug sein, um die Geschicke ihres Landes an den Cul de Paris von Madame Gaule anleimen zu wollen. Man kennt heute die Wallungen und Wollungen des Herrn Grafen Beust und des Herrn Grafen Andrassy vor Sedan und diese Wallungen und Wollungen sind in Erinnerung an 1866, wenigstens was Herrn von Beust angeht, ganz begreiflich und verzeihlich gewesen. Weniger allerdings, was Herrn von Andrassy angeht; denn die herrschende Stellung, welche der Magyarismus in Oesterreich-Ungarn jetzt innehat, war ja nur eine aus der Prämisse 1866 gezogene Konklusion. Die Franzoserei grassirte übrigens sporadisch auch nach Sedan noch in Ungarn; nämlich unter Leuten, welche das allerdings nicht leichte Geschäft, an der wirklichen, nicht blos gemalten und gerednerten Freiheit und Civilisation ihres Landes zu arbeiten, viel zu mühsälig finden und sich als große Patrioten und Volksmänner auszuweisen glauben, wenn sie den Anfangsbuchstaben des Wortes Republik in Arabesken-Schnörkelform auf ihre Schnürhosen sticken lassen. Die Stellung, welche die Deutsch-Oesterreicher zur großen Frage von 1870—1871 genommen, hat alle Großmacht-Schnürhosen-Gelüste vereitelt, welche Gelüste übrigens von den denkenden und wissenden ungarischen Patrioten nie getheilt worden waren. Diesen Patrioten ist bekannt, daß eine aufrichtige Freundschaft mit dem wiederhergestellten deutschen Reiche in der Wagschale der Zukunft Ungarns schwerer wiegt als der aus Paris verschriebene Phrasenfirniß, womit unreife Schwätzer den kaum gewachsenen Schnurrbart aufwichsen und zu deutschfeindlichen Spitzen drehen, die uns ja wohl nicht todtstechen werden.

England kann, was das Verhalten der Großstaaten zu Deutschland angeht, vorderhand füglich außer Rechnung bleiben. Es ist ja, von einer mehr und mehr bekrepit werdenden Oligarchie mißregiert, von seiner Großmachtstellung zu der eines Waffenschmugglers und Munitionspaschers herabgesunken, in welchen Geschäftszweigen es in den Jahren 1861—1865 und 1870—1871 so gewinnreich „gemacht" hat. Im übrigen wird Uncle Sam schon dafür sorgen, daß John Bull, mag er von den heuchlerischen Tories oder von den scheinheiligen Whigs regiert werden, keine großen Sprünge machen könnte, auch wenn er wollte. Mag er daher das deutsche Reich gladstonisch anwinseln oder bisraelitisch ankläffen, beißen wird er es nicht. Die Franzosen wollen uns mit Rußland bange machen, aber Bangemachen gilt bekanntlich nicht. Das oft versuchte russisch-französische Bündniß ist ausgesonnen und „Die Künstler" überschrieben hat. Ach, er wäre unserer Zeit sehr gesund und heilsam, wenn sie dieses Thema und seine Glossirung durch unseren Geschichtschreiber des Idealismus auf sich wirken lassen wollte und inmitten ihres eisernen Realismus und gemeinen Materialismus zur Erkenntniß käme, was der griechische Tragiker damit gemeint, wenn er sagte:

„Lieb ist ewig das Schöne!"

---

21. Juni.

Wenn burschenschaftliche Purismus-Fanatiker vor Zeiten verlangten, daß man statt Universität sagen und schreiben müßte „Geistesturnplatz", statt Professor „Lehrbursch" und statt Student „Lernbursch", so war das gewiß sehr lächerlich. Aber nicht weniger lächerlich ist es, wenn uns deutsche Schriftsteller die Geschichte des Krieges von 1870—71 in einem mit französischen Vokabeln dicht durchspickten Kauderwelsch erzählen. Was sollen denn die ewigen „tête", „crête", „terrain", „lisière", „plaine", „chaîne", „couronnement", „attaque", „élan", „ordre", „avant-garde", „plateau"

„quarré" u. a. v. in deutschen Büchern? Als ob wir nicht mindestens ebenso bezeichnende deutsche Ausdrücke hätten und als ob unser Sprachreichthum bei der französischen Spracharmuth betteln gehen müßte! Selbst die besten bislang erschienenen kriegsgeschichtlichen Werke über die Ereignisse von 1870—71, die von Borbstädt, Blume und Wartensleben, sind durch den gerügten Jargon verunstaltet. Noch mehr das sonst so hübsche Buch „Von der dritten Armee" von Paul Hassel. Offiziere mögen sich am Ende damit entschuldigen, daß dem soldatischen Sprachgebrauche eine Menge von französischen Wörtern seit lange angeeignet gewesen sei und daß sie dieselben gewohnheitshalber anwendeten, ohne sich darüber Rechenschaft zu geben. Bei einem Schriftsteller von Beruf aber ist diese Entschuldigung träger Gewöhnung nicht statthaft.

---

22. Juni.

Durchwandelte heute, wie ich allwöchentlich einmal zu thun pflege, den Antikensal. Es war so heimelig=still in der hohen Halle, so tempel=

feierlich wie immer in dieser Götter-, Genien- und
Dämonenversammlung, obzwar es nur eine gipserne
ist. Wer der Kenntniß und des Verständnisses der
Antike entbehrt, ist und bleibt doch ein armer
Mensch, und wäre er ein zehnfacher Millionär oder
gar ein Milliarder. Was schön, empfindet und weiß
ganz und voll doch nur der Kenner hellenischer
Poesie und Kunst. Wer nie sich getrieben fühlte,
„das Land der Griechen mit der Seele zu suchen"
wie Iphigenie in Tauris, der ist und bleibt doch
eigentlich sein Lebenlang ein Barbar, ein Taurier.
Der Haß und Neid, womit so manche der Herren
Realisten und „Exakten" unserer Tage auf die klas=
sischen Studien blicken, verräth die innerliche Barbarei
dieser Leute. Als ich vor dem Apoll vom Belvedere
stand, diesem zum Gott potenzirten Idealmenschen,
und daran dachte, wie die Archäologen darüber
stritten und streiten, ob er in seiner Linken den
Bogen oder die Aegis gehalten habe, wollte es
mir vorkommen, als ob der Herrliche vielmehr mit
dem Schilde des Idealglaubens die Gemeinheit
der Welt abzuwehren trachtete... Theilnahmevoll
betrachtete ich auch eine vortreffliche Porträtbüste

Cicero's. Die hohe Stirne mit ihren vom Gedankenpfluge gezogenen Furchen hat entschieden etwas Modernes. Der Mann gleicht weit mehr einem deutschen Gelehrten als einem römischen Staatsmann und Zeitgenossen des Katilina. Schade, daß dieser noch keinen wissenschaftlichen "Retter" gefunden hat! Es wird ihm aber wohl nicht mehr lange daran fehlen, da er ja das still und laut bewunderte Ideal unserer Lumpagogen und Petrolifer ist. Was den Cicero angeht, so hätte er, so er zu unsern Zeiten gelebt, einen Reichstagsprofessor wie er sein soll vorgestellt, wäre in der Paulskirche im rechten Centrum gesessen, dann nach Gotha, dann nach Erfurt, dann überallhin gegangen, wohin immer der gerade von obenher pfeifende Wind ihn wehte. Wahrscheinlich wäre er schließlich als königlich preußischer Herrenhäusler gestorben. Ich habe nie recht begreifen können, warum der ordentliche Professor Mommsen den ordentlichsten Professor Kichererbse so unsanft striegeln mochte. Gelehrte Scheelsucht und akademischer Brotneid konnten da doch nicht mit im Spiele sein. Vielleicht darf vermuthet werden, daß der geniale

Historiker gerade durch das Ciceronische im deutschen Gelehrtencharakter gegen den armen Cicero so erbos't worden sei. Es ist ja bekannt, daß man die eigenen Schwächen und Fehler an anderen nicht leiden mag. Allein Mommsen hätte bei seiner Behandlung des römischen Gelehrten, die mitunter zur baren Mißhandlung ausschlägt, doch einigermaßen bedenken sollen, wie er selber wohl und viele, viele, viele seiner Herren Kollegen an dem Platze Cicero's sich würden aufgeführt haben. Sein Urtheil würde dann billiger ausgefallen sein.

---

23. Juni.

Die Erwartung, daß die Franzosen endlich in sich gehen würden, schwindet mehr und mehr. Es polakert und spaniolt bei ihnen immer deutlicher. Sie läppern doch so gierig alle Arten von Wermuth (absinthe), warum haben sie nicht den moralischen Muth, auch einmal den der Wahrheit zu kosten? Warum? Weil sie eben Franzosen sind. Für sie ist Mr. Thiers der rechte Mann; denn er weiß gar plaisirlich zu lügen, im echten National=

ſtil. Neulich, in der Debatte über das neue Wehr=
geſetz, ſchwarbelte er ſeinen Zuhörern vor: „Nicht
Deutſchland hat Frankreich, ſondern die preußiſche
Regierung hat die franzöſiſche beſiegt." Ungeheurer
Beifall. Und doch dürfte ſelten ein Tribunegaukler
eine ſo dicke Dummheit von ſich gegeben haben.
Thut nichts, wenn ſie nur die „vanité stupide"
des Galliertums kitzelt, welches natürlich nichts
davon weiß oder wiſſen will, daß jedes Volk die
Regierung hat, welche es verdient.

———

24. Juni.

Beſuch von Ruge, der aus Italien kommt und
nach England zurückgeht. Der alte brave Kämpe
iſt merkwürdig geiſtesfriſch geblieben. Eine gute,
beſte Stunde mit ihm verplaudert. Alter Zeiten
und alter Kämpfe gedacht, bei welchem Gedenken
mir wieder recht klar wurde, daß ſeither unſerer
Nation Daſein und Lebensführung doch durchweg
einen größeren Stil gewonnen haben. Herzlich
lachten wir mitſammen über das Großmannsmaul=
thum gewiſſer Pfifferlinge, welche dermalen vom

hohen Esel ihrer absoluten Nichtsigkeit und ver=
letzten Eitelkeit herab über das neue deutsche Reich
Zetermordio schreien.

---

25. Juni.

Heute sah ich die erste neue Reichsgoldmünze,
auf welche ich mich lange gefreut als auf ein
handgreifliches Symbol einer großen Thatsache.
Ich hätte aber wissen sollen, daß es mir allzeit
schlecht bekommt, wenn ich mich auf etwas freue.
Schade für das Gold an dieser Reichsmünze! Das
Gepräge ist abscheulich, die Zeichnung inhaltlos,
die Ausführung schluderig. Haben wir denn wirk=
lich gar kein Talent für das Zierliche, Gefällige,
Nette? Ich kenne von neueren Münzen keine so
häßliche wie diese, ausgenommen etwa die schwei=
zerischen Fünffrankenthaler mit ihrer klapperbeinigen
und ultramontanarmigen Helvetia.

---

26. Juni.

Der Grundfehler von Schopenhauers Philosophie ist, daß sie von einem hagestolzen Couponsschneider hagestolzen Couponsschneidern auf den Geist geschnitten wurde.

---

29. Juni.

Mit rechter Erbauung und Freude las ich heute Uhlands „Sagengeschichte der germanischen und romanischen Völker" zu Ende. Ein Nibelungenhort von Buch! Wer den Verfasser nicht schon vorher verehrte und liebte, muß ihn verehren und lieben, wenn er dieses Werk gelesen hat. Wie sich da durchweg der gründliche Forscher mit dem Feingefühl und der Herzenswärme des Dichters durchdringt — unvergleichlich! Wir werden so ein Muster von Menschen und Mann nicht sobald wieder sehen. Jetzt erst, nachdem man die ungeheure Arbeit, welche in Uhlands sieben Bänden „Zur Geschichte der deutschen Dichtung und Sage" steckt, vollständig übersehen kann, versteht man recht, wie der Meister aus den mittelalterlichen Erzstufen mit so sicherer Hand und scheinbar so leichtweg das reine Gold seiner Balladen und Romanzen herauszuschmelzen verstand.... Bei Lesung dieser Mythen- und Sagengeschichten hat mich manche altvertraute Kunde wiederum tief bewegt. Es ist darin eine Ursprünglichkeit, Frische und Kraft ohnegleichen. Man glaubt goldhaarige Riesen=mädchen mit Granitblöcken Fangball spielen zu sehen. Nicht selten bricht ein zartest=seelischer Zug durch die Reckenwildheit „wie durch Felsen ein Sonnenstral." So z. B. wahrhaft tiefrührend schön in der Sage von Othar und Syrith, für deren wie so vieler anderer Ueberlieferung wir dem Grammatiker Saxo zu Danke verpflichtet sind. Wie psychologisch wahr und fein ist es, wenn bei allen den riesigen Kampfthaten, womit Othar um die Liebe Syriths wirbt, das Herz der Jungfrau schweigt und ihre Augen ihm den Grußblick wei=gern, dagegen auf ein einziges besorgt=gütiges Wort hin, das er an sie richtet, ihr plötzlich das Herz in der Brust schwillt und ihre Augen zärtlich zu ihm sich aufschlagen. Die Zeilen, worin Uhland den dichterischen Gehalt der Sage hervorhebt (S. 227), sind so schön wie diese selbst.

---

30. Juni.

Die sogenannten emanzipirten Weiber, welche es den Männern nach- und gleichthun wollen, gleichen den sogenannten fliegenden Fischen. Statt in ihrem eigenen Element anmuthig zu schwimmen, wollen sie in einem fremden fliegen, was sehr unanmuthig herauskommt. Sie vermögen es auch nur für etliche Klafterlängen und fallen dann wieder zurück in's Wasser, welches ja schon in urältesten Mythen als das Ewig-Weibliche erscheint. Vielleicht schwebte das auch dem alten Pindaros vor und wollte er seinen schönen Landsmänninnen eine tiefsinnig-zarte Huldigung darbringen, als er seinen ersten olympischen Siegessang anhob mit dem nicht so fast geflügelten als vielmehr beflossten Worte: „Das Beste ist Wasser!"

Juli.

1. Juli.

So oft ich unsere Römlinge von Freiheit deklamiren höre, ist mir immer, als hört' ich Wölfe heulen, sie sängen das Halleluja von Händel.

---

2. Juli.

Pantheismus oder Pansatanismus — es gibt kein drittes. Alle Vermittelungen und Verbändelungen sind Pfifferlingskram, Liripipefenchelzeug, theologische Rabulistenkniffe, Schleiermachereien, allenfalls gut genug, den großen Haufen zu nasführen, der ja die strenge Schönheit der nackten Wahrheit doch nicht versteht oder auch nur verträgt. Denkende Männer wissen, was sie von dem Gemunkel und Gemantsche zu halten haben. Die

logische Folge der pantheistischen Weltanschauung
ist ein sanguinischer Optimismus, die der pan=
satanischen ein melancholischer Pessimismus. Jener
hofft alles, dieser fürchtet nichts. Jener ist das
fröhliche Will der Jugend, dieser das herbe Muß
des Alters. Junge Pessimisten sind Siechlinge,
alte Optimisten sind Lyriker. Zwei solche, zwei
deutsche Lyriker haben frohe Botschaften des Opti=
mismus ausgehen lassen, Friedrich Rückert und
Leopold Schefer: „Die Weisheit des Brahmanen"
und das „Laienbrevier". Was vor Zeiten der
arme Jakob Böhm nur zu ahnen, nicht zu sagen
vermochte, hier ist es klar und schön ausgesprochen.
Hier gibt sich ein Sicheinsfühlen mit der Welt=
seele kund, wie es so nur noch beim Perser Dsche=
laleddin sich findet. Hier athmet eine Naturselig=
keit, hier weht ein Seelenhauch, wie sie nur aus
der heiligsten Stille deutscher Innerlichkeit kommen
können. Keine andere Literatur hat diesen beiden
wundersamen Lehrdichtungen etwas Ebenbürtiges
an die Seite zu stellen. Rückert hat übrigens in
seinem unvergleichlichen Lied von der „sterbenden
Blume" bewiesen, daß auch der Pessimismus, eben

weil er nichts fürchtet, ein freudiger sein könne. Zu den ergreifendsten pantheistischen Ausströmungen gehören bekanntlich der Monolog im Faust: „Erhabner Geist, du gabst mir, gabst mir alles" — und die Eingangsverse von Shelley's „Alastor". Eine Haus= und Handbibel des Pansatanismus hinwiederum ließe sich leicht und auskömmlich aus Byrons Werken zusammenstellen. Diese sind nur eine dämonisch=gewaltige Glosse zu dem mephistophelischen Thema:

„Alles, was entsteht,
Ist werth, daß es zu Grunde geht."

---

3. Juli.

Zwei deutsche Memoirenbücher bringen mancherlei und sehr verdankenswerthe Aufklärungen und Enthüllungen über die Geschichte von 1830—60, die von Nippold deutsch bearbeiteten Denkwürdigkeiten Bunsens und die in diesen Tagen ausgegebenen Denkwürdigkeiten aus den Papieren des Freiherrn Christian Friedrich von Stockmar. Hätten wir derartige Aufzeichnungen auch aus früheren Perioden unserer Geschichte in ausreichendem Maße beſeſſen, ſo hätte ſich nicht ſo mancher fremde Mythus ſo lange in Deutſchland breitmachen können. Auch der Form unſerer Hiſtorik müßte eine reichlichere deutſche Memoirenliteratur ſehr zu gute gekommen ſein. Das Anziehendſte in hiſtoriſchen Darſtellungen, das Reinmenſchliche, Individuelle, iſt ja doch nicht in diplomatiſchen Aktenſtücken und in Staatsdokumenten zu finden, ſondern nur in den Bezeugungen von Augen= und Ohrenzeugen und Mitmachern der Ereigniſſe. Hoffentlich ſchreibt Fürſt Bismarck Denkwürdigkeiten. Wenn ja, ſo beneide ich die, welche dieſelben bereinſt leſen können. Um ſo mehr, da ich überzeugt bin, der Reichskanzler werde es unter ſeinem Namen halten, Vertuſcherei und Falſchfärberei zu treiben. Er iſt der Mann dazu, zu ſagen: „So war es und ſo ging es“ — ohne alles diplomatiſche Verſteckeſpielen und ohne kleingeiſtige Brimborien. Um jedoch auf die beiden erwähnten Memoirenwerke zurückzukommen, muß ich ſagen, daß ſie mitſammen mir einen betrübſamen, faſt demüthigenden Geſammteindruck gemacht haben. Warum? Weil ich ein Deutſcher bin, welcher ſich in allen Nerven

mit den Geschicken seines Volkes verbunden und
verwachsen fühlt. Darum betrübt und demüthigt
es mich, wenn ich sehe, wie in der vorjedanischen
Zeit deutschpatriotische Staatsmänner, wie doch
Bunsen und Stockmar zweifellos gewesen sind, zu
so erbärmlichen Rollen verurtheilt waren. Eitel
Bosseler und Gelegenheitsmacher der „hohen" Po=
litik, sonst nichts. Ein klägliches Handlangern da,
wo, falls eine Nation hinter ihnen gestanden hätte,
das bestimmende Wort und das entscheidende Thun
bei ihnen gewesen wären. Ein sich Hin= und Her=
drücken, ein Kratzfüßeln ohn' Ende, um da ein
Prinzlein an das Schürzenband einer auswärtigen
Königin zu binden, dort ein Prinzeßlein unter die
Haube zu bringen. Lauter Kleinkram, pures
Jammersal! Eine Fülle von Talent, Wohlmeinen=
heit, Eifer und Arbeitskraft an Machenschaften
verschwendet, welche unsere Nation eigentlich gar
nichts angingen und weder zu ihrer inneren Wohl=
fahrt noch zu ihrem äußeren Ansehen beitrugen...
Im Jahre 1848 haben bekanntlich Bunsen und
Stockmar eifrig an einem Aufbau Deutschlands
in preußisch=kaiserlichem Sinne gearbeitet, worin ja

nach den furchtbaren Enttäuschungen, welche der Sommer, Herbst und Winter des Jahres gebracht hatten, im Frühling von 1849 alle denkenden Demokraten — es gab leider auch nichtdenkende genug — mit ihnen einverstanden waren. Alle darauf gerichteten Bemühungen sind aber, wie jedermann weiß, an der Elendigkeit des damaligen preußischen Hofes, an der Nebelheimerei Friedrich Wilhelms des Vierten gescheitert. Bei Stockmar (S. 512 fg.) findet sich ein Gespräch aufgezeichnet, welches der Freiherr am 10. Juni von 1848 in Charlottenburg mit dem König von Preußen hatte und welches die ganze Verblasenheit und Zerfahrenheit des Monarchen kennzeichnet. Dieser wäre schon damals gern mit den bekannten, nachmals im November vollbrachten „rettenden Thaten" gegen Berlin vorgegangen und Stockmar, der die Windbeuteligkeit der berliner „Revolution" unschwer durchschaut hatte, rieth auch seinerseits zu entschlossenem Handeln. Worauf der König: „Ja, wenn meine Minister nicht solche" — (soll wohl „Schweinehunde" heißen, welches allerdings nicht hoffähige Wort bekanntlich Sr. Majestät sehr geläufig war) — „wären! Aber mit Ausnahme des einzigen Schwerin sind sie alle Feiglinge." Ein hübscher Dank für die märzministerlichen Herren, welche sich schützend vor den wackelnden Thron gestellt hatten! („Man muß jetzt demüthig sein denn die Throne wackeln", hat Kaiser Wilhelm, als Prinz von Preußen im März von 1848 in London zu Bunsen und dessen Frau gesagt.)

4. Juli.

Die Propheten der Kommunisterei verhalten sich zu den Arbeitern wie verworfene Dirnen zu ihren thörichten Opfern, welchen sie die Börsen aus den Taschen stipitzen, während sie ihnen von Liebe lispeln.

5. Juli.

Also am Johannistage hat der Papst dem deutschen Reiche förmlich den Krieg angesagt? Man hätte in Deutschland vor Freude darob Johannisfeuer anzünden sollen. Denn jetzt ist

12*

wenigstens die Sachlage völlig klar und weiß jeder
Deutsche von fünf gesunden Sinnen, wessen er sich
vom Vatikan zu versehen hat. Die lieben Jesuiten
dürften aber doch wohl, wie zu vermuthen ist, im
Stillen der Meinung sein, ihr unfehlbares Sprach=
rohr habe diesmal gar zu laut geschrieen. Es
war ja nie Sache der Kompagnie Jesu, Krieg bis
auf Dolch und Gift zu erklären, sondern nur, den=
selben zu führen. Ueberhaupt mögen die frommen
Väter in letzter Zeit mitunter bei sich gedacht
haben: „Der Greis Pio fängt an uns fürchterlich
zu werden!" Das unfehlbare Sprachrohr will ja
gar nicht mehr aufhören zu tuten und scheint
dieser chronische Mundburchfall nur noch mit der
Mandelmilch des Todes stopfbar zu sein. Augen=
scheinlich ist das ohnehin nie sehr fest gewesene
Gehirn des armen Pio durch das am 18. Juli
von 1870 ihm ausgestellte Viceherrgottspatent ganz
drehend geworden. Er gebärdet sich, als wäre er
Innocenz der Dritte, welcher Gregor den Siebenten
im Bauche hätte. Das ist nicht der Wahnsinn
eines Lear, sondern der eines Simeon Stylites.
Diese Tollheit hat nicht den Schmerz zum Vater,

sondern den Größenwahn, den Priesterhochmuth,
den Pfaffenegoismus. Aber lachen kann man über
dieses aus der Gruft des Mittelalters aufgestiegene
Gespenst doch nicht so recht. Denn vor ihm her
geht die menschenverwirrende Gewalt der Lüge
und hinter ihm steht die völkerbeherrschende Macht
der Dummheit.

―― ―――

6. Juli.

Göthe und Schiller wachsen nicht nur ästhetisch,
sondern auch ethisch ins Kolossale, wenn man sie
mit ihren beiden Vorgängern im Reiche literarischer
Weltherrschaft vergleicht, mit Voltaire und Rousseau.
Denn gegenüber der edeln Wahrhaftigkeit unserer
zwei Heroen geht durch die zwei französischen ein
grüngelber Faden der Verlogenheit. Um jedoch
gerecht zu sein, muß man sagen, daß sie eben nur
mittels dieses Fadens ihre Landsleute zu lenken
vermocht haben. Ich finde aber, daß Voltaire
all seiner äffischen Lügnerei zum Trotz viel wahrer
gewesen als der, auf dessen Grabstein ein Verehrer
die Worte meißeln ließ: „Ici repose l'homme de

la nature et de la vérité". Denn Voltaire log doch nur andere an, Rousseau dagegen nicht nur andere, sondern auch sich selber.

7. Juli.

Die Erfahrungen, welche man in Frankreich mit dem allgemeinen Stimmrecht und in der Schweiz mit dem „Volksreferendum" — dieser neuesten Universalmedizin aller politischen Marktschreier — gemacht hat, sind so trauriger Natur, daß sie einen alten hartgesottenen Demokraten, wie ich einer bin, tief betrüben müßten, falls ich mir derartige Betrübnisse nicht mittels humoristischer Auffassung derselben zu versüßen wüßte. Warum über eine schlechte Komödie und schlechteste Komödianten sich erbosen, wenn man weiß, daß man des Anblicks der ganzen Posse bald überhoben sein wird? Aber ich muß eine Beichte ablegen. Ich habe mal vor Zeiten öffentlich gesagt, es gebe nur zwei ehrliche Staatsformen: die absolute Monarchie und die demokratische Republik. Das war eine Dummheit, welche ich bereue, seit ich die niederträchtige, ekelhaft=heuchlerische Pöbelgunstbuhlerei gesehen, welche unsere Demokraten neuester pariser Façon treiben. Diese Gesellen, bildungslos, roh, frech, ohne Wissen und Gewissen, Aemterschnapphähne, Winkelkneipenorakel und Winkelblättchenbuschklepper, müssen den demokratischen Glauben bei allen auch nur halbwegs anständigen Menschen um allen Kredit bringen: es kann gar nicht anders sein. Und wie ist's überhaupt mit diesem Glauben, wenn man mit Beiseiteschiebung aller Phrasenvorhänge in das Allerheiligste der historischen Wahrheit eindringt? Ich fürchte, gerade so, wie es mit allerhand Religionen und Philosophemen ist, wenn man, in ihre Abyta vorgedrungen, erkennt, daß entweder nichts rechtes oder auch gar nichts darin. Hat es jemals in Wahrheit und Wirklichkeit eine Volksregierung gegeben, wie unsere Landstörzer dieselben sich selber und unsere Schellmuffski dieselbe anderen vorlügen? Nein! Unwissende Bursche faseln bei Aufwerfung dieser Frage immer vom perikleischen Athen. Hätten sie jemals den Thukydides gelesen, so wüßten sie, daß bei ihm geschrieben steht: *"Ἐγίγνετό τε λόγῳ μὲν δημοκρατία, ἔργῳ δὲ ὑπὸ τοῦ* πρώτου ἀνδρὸς ἀρχή"*). Das attische Volk, d. h. die Vollbürgerschaft Athens, regierte den Staat, aber Perikles regierte das Volk. Und so war es immer und überall und so wird es immer und überall sein. Denn das ämterschnapphähnische Schwindeldogma von der „Mündigkeit der Massen" ist gerade so unmöglich und absurd wie das jesuitische Dogma vom unfehlbaren Papst. In der That, der unfehlbare Papst und die unfehlbare Menge sind zwei ebenbürtige, gleichvielwerthe Phantome. Addirt man sie zusammen, so ist das Resultat = 0.

8. Juli.

Aber ist denn nicht das ganze Menschendasein am Ende aller Enden auch nur eine Null? Und doch wie viele Wollungen und Strebungen, Wünsche und Triebe, was für Kräfte und Kämpfe, welche Wuth und welches Weh setzt diese Null unauf=

---

*) „Dem Namen nach war es eine Volksherrschaft, der Sache nach die Herrschaft des ersten Mannes". Thucyd. II, 65.
N. d. H.

hörlich in Bewegung! Innerhalb der großen Null treibt eine Unzahl von kleinen, kleineren, kleinsten ihr Wesen. Alle diese Nullen wissen sich als Zahlen darzustellen, alle diese Nichtse als Wesenheiten und alle zusammen narren und quälen sie den Menschen nach Noten. In der endlosen Reihenfolge von Illusionen und Enttäuschungen, welche man Weltgeschichte oder Erziehung des Menschengeschlechtes zu nennen pflegt, will auch die Null, welche „reine Demokratie" heißt, ihr Recht und sie wird ihren Kreislauf vollenden. Sie ist in volles Rollen gekommen und dieses Rollen ist unaufhaltsam. Inmitten der scheinbar kolossalen Gegensätze von üppigstem Reichthum und bitterster Armuth, übermüthigster Gewalt und unterwürfigster Schwäche, zügellosester Skepsis und stupidestem Glauben vollbringt Despotin Industrie rastlos, unhemmbar, eisern-folgerichtig ihre große Nivellirungsarbeit. Noch eine Weile und die Gesellschaft wird gehörig verflacht und richtig abgeplattet sein, um der in den Massen und durch die Massen herrschenden Mittelmäßigkeit und Unwissenheit zum Versuchsfeld, zum Experimentirplatz dienen zu

können. Ich werde — Dank den über= und unter=
irdischen Göttern! — in meinem Grabe liegen,
wann diese Wirthschaft losgeht und die Chimäre —

> Vorn ein Drach' und mitten ein Schwein und hinten
> ein Esel —

ihre afterwitzigen Orgien veranstaltet. Diese können
gar nicht ausbleiben. Denn die Verwirklichung
der Idee des abstrakten Demokratismus ist konkrete
Güter= und Weibergemeinschaft. Demokratie heißt
Prämisse, Kommunismus die Konklusion. Wer das
nicht begreift, ist ein Schwachkopf; wer es leugnet,
ein Schelm. Um die Konklusion zu ziehen, ist schon
zur Stunde die „Diktatur des Proletariats" pro=
klamirt. Sie wird kommen und wird die feige
Bourgeoisie sammt ihrer „zahlungsfähigen Moral"
wegwischen, wie man Straßenkoth wegkehrt. Und
dann? Dann werden die Menschen alle gleich
sein, lauter Bestien. Und wiederum dann? Dann
wird nach durchtobtem Kommunismusrausch der
Katzenjammer einer allgemeinen Bettelhaftigkeit
eintreten und wird die Gesellschaft ein Basel, ein
Lumpenpack sein. Und abermals dann? Dann
wird die alte Entwickelungsschnurre von neuem

anheben. Aus den Tiefen der Barbarei werden, benetzt mit Strömen von Thränen und Blut, wiederum die Keime der Kultur aufsprossen. Die Menschen werden sich, um dem Wahnwitz einer solchen „Freiheit" zu entkommen, mit Wollust in die Knechtschaft stürzen und werden sich, um nur Sicherheit für Leib und Leben zu gewinnen, um nur wieder im Schweiße ihrer Angesichter ihr Brot bauen, um nur wieder in anständiger Weise ihr Geschlecht fortpflanzen zu können, dem Ersten Besten sich unterwerfen, welcher den Willen und die Kraft hat, die vorhin erwähnte Chimäre entzweizuhauen, dem gränzenlosen Elend der Anarchie ein Ende zu machen und nebenbei sein Soldaten= oder Räuber= schwert in ein Königsskepter umzuschmieden. „Alles schon da gewesen!" Gewiß, aber alles schon Da= gewesene kommt immer wieder, mit kaum nennens= werthem Formenwechsel. Denn die Dummheit währet ewiglich.

9. Juli.

Unter einem vom 28. Mai d. J. datirten und gegen den schüchtern halbliberalen Prediger Sydow gerichteten Inquisitionsdekret des Königl. Konsistoriums der Provinz Brandenburg steht der Name Hegel, dessen Träger ein Sohn des verronnenen Königl. preußischen Haus=, Hof= und Staatsphilosophen. Der Vater ein Charlatan, der Sohn ein Mucker, das stimmt! Da ist mal der Apfel wirklich nicht weit vom Stamme gefallen.

---

10. Juli.

Die Ochsen zittern schon lange nicht mehr, so neue Wahrheiten gefunden werden. Wissen sie doch, daß nicht sie, sondern nur die Finder geopfert werden.

---

11. Juli.

Die alte Plaudertasche des 17. Jahrhunderts, Dame Motteville, sagt im 7. Kapitel ihrer Memoiren: „Les dames sont d'ordinaire les premières causes des plus grands renversements des états; et les guerres, qui ruinent les royaumes et les empires, ne procèdent presque jamais que des effets qui produisent ou leur beauté ou leur malice". Männer von Welterfahrung, welche wissen, wie ungeheuer lächerlich es ist, wenn gelehrte Stubenhocker an ihren Schreibtischen die Weltgeschichte „konstruiren", werden nicht geneigt sein, die angeführte Aeußerung achselzuckend als die Meinung einer Person zu verwerfen, welche Politik und Geschichte vom Kammerzofenstandpunkt aus anzusehen gewohnt war. Was nur immer, vom Anfang bis zur heutigen Stunde, auf dem „sausenden Webstuhl der Zeit" gewirkt worden, die Frauen haben daran mitgewirkt, haben die Weberschifflein rüstig hin- und herfliegen lassen. Ich stehe gar nicht an, geradeheraus zu sagen: Die Männer liefern den Zettel, die Weiber den Eintrag zum unendlichen weltgeschichtlichen Gewebe. Darum ist auch das „Muster" noch immer ein so vertrakt und verzwackt pfäffisches. Denn von 1000 Frauen folgen 999½ blindlings den Eingebungen ihrer Beichtväter und Pastoren und sie sterben, ohne all ihr Lebenlang über religiöse Dinge auch nur 5 Minuten lang gedacht zu haben. Die meisten denkenden Frauen gibt es in Deutschland.

Hier dürfte sich, verglichen mit England, Frankreich, Italien u. s. w., das angegebene Verhältniß so günstig stellen, daß auf 99 bloße Fühlerinnen 1 wirkliche Denkerin kommt. Natürlich ist hier logisch-folgerichtiges Denken gemeint. Aber auch eine zu solchem Denken befähigte Frau wird sich doch schließlich immer wieder statt von allgemeinen Prinzipien von ihren persönlichen Beziehungen und Stimmungen leiten lassen. Denn das Abstraktionsvermögen ist bei Frauen selten und da, wo es sich überhaupt bei ihnen findet, noch seltener in hohem Grade vorhanden und ausgebildet. Deßhalb vermögen selbst hochgebildete Frauen den Staat nur aus dem Gesichtspunkte der Familie zu betrachten und ist ihnen die Welthistorie nur eine erweiterte Familienchronik. Da sie nun zweifelsohne sehr mächtig sind — die Thoren sind ja bekanntlich immer willig, wann die Thörinnen wollen — so pfuschen sie mit ihren lieben Händen unheilvoll genug in der Geschichte herum. Wer z. B. die Geschichte der Zeit von 1848—51 genau kennt, der weiß, daß und wie in den traurigsten, garstigsten Machenschaften von damals Weiberhände mitmantschten. Hüben und drüben, wohlverstanden! Im Lager der Revolution wie in dem der Reaktion. Die Gewalt der Frauen sowohl, als auch ihre totale politische Unfähigkeit hat noch Keiner so tief, wahr und drastisch zur Anschauung gebracht wie der alte Aristophanes. Schade nur, daß seine Weiberpolitiktrilogie („Lysistrate", die „Thesmophoriazusen" und die „Ekklesiazusen") für unsere nervenschwache Zeit zu wahr und drastisch ist. Soviel ich weiß, war die treffliche Herzogin Amalie von Weimar, die Mutter Karl Augusts, die letzte Frau, welche den Aristophanes zu lesen wagte. Und doch sind alle seine Zoten gesunde Kost, verglichen mit den giftigen Bonbons, welche in Gestalt von französischen Verführungs-, Ehebruchs- und Widernatursündenromanen neuester Façon auf den Lesetischen auch deutscher Frauen sich vorfinden.

―――

12. Juli.

Der Mist der Phrase von der Volksmündigkeit hat den Giftpilz „Trennung der Kirche vom Staate!"

aus dem Sandboden der Windbeutelei hervorge=
trieben. Jeder dumme liberale Junge, welcher von
der Macht kirchlicher Anschauungen und Tendenzen
in den Massen, sowie von den unzähligen Ver=
flechtungen dieser Anschauungen und Tendenzen
mit dem staatlichen und sozialen Leben nicht ein=
mal den blassesten Hochschein hat, hält sich für
berechtigt und verpflichtet, in das „zeitgemäße"
Geschrei miteinzustimmen. Guckt doch nach Bel=
gien! Da könnt ihr sehen, wie die „freie" Kirche
im „mündigen" Volke pfaffenparadiesisch wuchert.

13. Juli.

In jungen Jahren habe ich die Musik leiden=
schaftlich geliebt und hätte es auch wohl zu einiger
Uebung derselben gebracht, so mir nicht mein erster
Lehrer die Sache dadurch verleidete, daß er mir
mit seinem Fibelbogen unbarmherzig die Finger
zerschlug, wenn ich mit dem meinen einen falschen
Strich that. Ich glaube, daß ich keinen zweiten
Menschen jemals so gehaßt habe wie den alten
Kantor. Jetzt sei nachträglich seinem Staube von

Herzen verziehen; warum waren meine Finger so
ungeschickt? In meinen alten Tagen ist nun die
Neigung für Musik wieder mit ganzer Stärke in
mir erwacht und die hiesige „Tonhalle" hat keinen
dankbareren Gast als mich. Ein vortreffliches In=
stitut, eine Stätte echter Kunst und zugleich ein
Denkmal opferwilligen Gemeinsinns, welches den
Bewohnern hiesiger Stadt zu hoher Ehre gereicht.
Ich habe darin Tondichtungen von Bach, Händel,
Haydn, Mozart, Beethoven, Mendelssohn und
Schumann aufführen gehört und darf sagen, daß
ich sie anderwärts, in weit größeren Städten, nie
besser gehört. Und doch besteht mit Ausnahme des
Orchesters das Personal aus lauter Freiwilligen.
Da sieht man, was Menschen zu leisten ver=
mögen, wenn sie unter tüchtiger Leitung mit ganzer
Seele einem idealen Ziele zustreben. In diesem
Jahre ist der große Sal der Tonhalle auch noch
mit einer guten Orgel ausgestattet worden, welche
bei der Aufführung von Bachs Matthäuspassion
an Ostern unter der Meisterhand von Kirchner
zum erstenmal ertönte. Unlängst hörte ich den
Genannten das Andante aus Beethovens Klavier=

konzert in G=dur darauf vortragen. Ein Hoch=
genuß! Wie fühlt' ich mich bewegt! Schon mit
dem ersten Bogenstrich der Orchesterbegleitung war
man in die Sphäre emporgehoben, wo der Meister
waltet, welcher ebenso Ludwig der Einzige heißen
muß, wie Göthe Wolfgang der Einzige ist. Beiden
ist in gleichem Maße das Hauptmerkmal der Geister
höchsten Ranges eigen: die souveräne Kraft. Ihre
Stimmungen sind zugleich Offenbarungen, ihr
Wollen ist Schaffen. In ihres Busens Stille ber=
gen sie, was ihnen die Sterne vertrauten; aber
sie brauchen bloß aufzuathmen und hervorspringt
ein ewiges Wort= oder Tongedicht, fertig, reif,
vollendet, funkelnd von Schönheit, in Wehr und
Waffen stralend, wie die Pallas aus dem Haupte
des Zeus.

---

14. Juli.

In dem Gedichte des Franzosen Laprade „Pro
aris et focis" frappirten mich heute die Verse:

„Dieu s'est fait multitude et n'est plus dans
le ciel;
Il se nomme aujourd'hui suffrage universel" —

obzwar dieselben nur eine Paraphrase des alten
„Volkesstimme Gottesstimme" sind. Mir drang sich
dabei die unliebsame Bemerkung auf, daß die
„vox dei" in Gestalt der „vox populi" gar viel
von ihrem Metall, ihrer Ursprünglichkeit und
Schöpfungsmächtigkeit verloren haben müßte. Sonst
wäre es ja kaum zu erkären, daß der demokratische
Musterstaat, die Union, nach hundertjährigem Be=
stehen in den höchsten Regionen menschlicher Geistes=
thätigkeit soviel wie nichts geleistet hat. Nicht
ein einziger Dichter, Denker, Künstler ersten Ranges
ist unter den Yankees aufgestanden. Ja, die liebe
Menge bringt es eben nicht immer! Es dürfte auch
kaum gewagt sein, zu sagen, daß der konsequent
fortgesetzte Druck der Gleichheitplattdrucksmaschine
nothwendig einen moralischen Zustand herbeiführen
muß, wo es eine Unmöglichkeit, über das Niveau
der allgemeinen, so zu sagen verfassungs= und
kommentmäßigen Mittelmäßigkeit sich zu erheben.
Am Ende aller Enden — hoffentlich erst nach
meinem Tode — werden wir alle in allem gleich
sein, lauter Schöpse. Schauderhafte Aussicht! Ich
höre schon die Gleichheitsflegel auf der Tenne des

13*

gesetzlichen Zukunftsmittelmaßes das leere Phrasen=
stroh des „Contrat social" langweilig aber= und
abermals durchdreschen.

---

15. Juli.

Das heftige für und wider die darwin'sche
Hypothese ist doch auch nur eine Erhitzung „um
Hekuba". Was sollte denn eigentlich für die Mensch=
heit gewonnen sein, wenn sie sich für die hundertste
oder tausendste oder millionste Potenz der Quallen=
heit ansehen lernte? Das Warum des Warum?
wird dadurch keineswegs beantwortet, keine einzige
der fragwürdigsten Fragen. Aesthetisch angesehen,
ist es doch wohl reinlicher und hübscher, anzuneh=
men, man stamme von einem Gotte her als von
einem beliebigen Vieh. Und wo liegt denn der
praktische Gewinn des „wissenschaftlichen" Bewußt=
seins, eine unendliche Stufenreihe von Entwicke=
lungen durchgelitten zu haben, um schließlich ein
armer Teufel von Mensch geworden zu sein? Da=
durch wird nicht eine einzige Thräne getrocknet, nicht
eine einzige Thorheit verhütet, nicht eine einzige

Scheusäligkeit verhindert. Uebrigens ist das ganze mit soviel Geschrei und Reklamegepauke verkündigte affologische Evangelium eine Wiederkäuung der altägyptischen und altindischen Seelenwanderungslehre. Nur war diese sittlicher und gerechter als der Darwinismus, indem sie statuirte, daß aus schlechten Kerlen von Menschen zufolge des Gesetzes der Rückwärtsentwickelung wieder Hunde, Affen, Schweine u. s. w. bis zu den Wanzen, Flöhen und Läusen hinunter würden. Darin lag viel Tröstliches. So ein alter Aegypter, welcher von seinem angestammten Pharao beim Pyramidenbau geschurigelt wurde, konnte sich ja erklecklich an der Vorstellung erlaben, Se. pharaonische Majestät werde künftig mal als Kameel Lasten schleppen müssen oder als Tiger gejagt oder wohl gar als Laus geknickt werden — vielleicht von ihm, dem dermalen Geschurigelten, selber..... Das Gerede aber, der Darwinismus werde der Pfafferei die Axt an die Wurzel legen, ist nur das Gerede von Leuten, welche vor lauter Naturwissenschafterei die Natur des Menschen und der Gesellschaft gänzlich übersehen oder verkennen.

Wie wollen sich denn solche Kleinhandwerker der Exaktität die Thatsache zurechtlegen, daß in demselben Maß und Umfang, in welchem die materialistische Weltanschauung und die Pflege der Naturwissenschaften emporgekommen, auch die Autorität und der Einfluß der Kirche wieder gewachsen sind? Fürwahr, die Wurzel der Pfafferei hat von der naturwissenschaftlichen Artschneide noch wenig verspürt. Nichts kann den Priestern gelegener kommen als die einseitig-materialistische Tendenz aller höheren Bildung. Denn dadurch wird ja die Kluft zwischen den Massen und den sogenannten gebildeten Ständen immer klaffender und fallen jene um so sicherer und widerstandsloser der geistlichen „Seelsorge" anheim. Die Herren Materialisten reden freilich davon, daß eine Zeit kommen werde, wo auch die Menge naturwissenschaftlich gebildet sein und demnach den Kinderschuhen der Religion entwachsen sein würde; aber die Propheten glauben, so will ich zur Ehre ihres Verstandes annehmen, wohl selber nicht an ihr Orakel. Die Menge wird nach Jahrtausenden gerade so wenig wissenschaftlich gebildet sein, als sie es vor Jahrtausenden

gewesen ist. Sie wird im günstigsten Falle, d. h.
die fortwährende Verbesserung des Volksschulwesens
vorausgesetzt — denn es können recht wohl auch
zeitweilige Verschlechterungen desselben statthaben,
wie die Raumer=Mühler=Stiehl=Regulativeschwei=
nerei in Preußen darthut — also die beständige
Verbesserung des Volksschulwesens vorausgesetzt,
wird das Volk über ein gewisses, sehr bescheidenes
Maß von Geistesbildung nie hinauskommen, weil
die Arbeit um des Lebens Nothdurft seine Lernzeit
abkürzt. Die sozialistischen Schwarbeleien von der
Möglichkeit, allen Mitgliedern der menschlichen
Gesellschaft einen gleich weit reichenden Unterricht
zutheil werden zu lassen, sind — auch abgesehen
von der Thatsache, daß höchstens 5 Procent der
Menschen für wissenschaftlichen Unterricht wirklich
befähigt und empfänglich sind — dahin zu ver=
weisen, wohin sie gehören, nämlich ins Narrenhaus
oder, was dasselbe ist, in die Versammlungen der
Bekenner des unfehlbaren Sozialistenpapstes Feist
Löb. Aus alledem folgt, daß es allzeit Religionen,
Kirchen und Priester geben wird. Denn der ideelle
Trieb im Menschen ist unausrottbar und leuchtet

aus allen Verdunkelungen doch immer wieder hervor. Darum bleibe ich dabei, daß die Affologie nicht im stande sein wird, die Theologie zu verdrängen, und halte an meiner schon vor vielen Jahren geäußerten Ueberzeugung fest, daß, weil die Religion der Idealismus der Massen, die religiöse Idee stets die Welt beherrschen wird. Die höchsten Bethätigungen des menschlichen Intellekts: des Denkers Erhebung über die Schranken der Persönlichkeit und Wirklichkeit, des Erfinders Kombinationskraft, des Künstlers Gestaltungsmacht, des Dichters Begeisterung, des Sehers Zukunftsahnung — alle diese verschiedenen Ausstralungen der Sonne des Ideals sind für den Volksinstinkt zusammengefaßt in dem Fokus der Religion. Diese ist des Volkslebens geistige Seite, sie des Volkes Sittlichkeit, Wissenschaft, Kunst und Poesie. Darin liegt das Geheimniß ihrer Macht und ihrer Dauer.

16. Juli.

Die perodische Literatur Deutschlands hat sich in den letzten 24 Jahren nach allen Richtungen hin außerordentlich gehoben. Doch fällt neben dem vielen Tüchtigen und Gediegenem, was unsere Zeitschriften bringen, doch darin auch das Sichvordrängen des Ungeistes der Verflachung und Verschliffenheit unangenehm auf. Alles wuchert zu sehr in die Länge und Breite, um genau in demselben Verhältniß an Tiefe und Höhe einzubüssen. Am schlimmsten ist, daß so viele talent- und kenntnißlose Jämmerlinge des Amtes der Kritik sich anmaßen und in ihrer Impotenz und Unwissenheit erhabenem Gefühle das dümmste Zeug frech zu Markte bringen. Diese Gesellen sprechen über Autoren und Bücher, von deren Bedeutung und Wirksamkeit sie gerade so viel verstehen wie etwa ein Bullenkalb von der Stenographie, mit einer Sicherheit und Selbstgefälligkeit ab, welche komisch sein würden, falls sie nicht kretinisch wären. Da eselt z. B. ein gewisser Herr Alphabetagammadelta, aus Hinterborneo gebürtig, in den deutschen Zeitschriften herum, um mit wirklich hinterborneotischer Unbefangenheit über alles und jedes sein Yah abzugeben. Auch über historisch-politische Fragen; mit hinterborneotischer Sachkunde natürlich. So hat er neulich gesagt, das neue deutsche Reich würde gutthun, weniger National- als vielmehr Internationalpolitik zu treiben, weil ja das alte deutsche Reich seinen Glanz und seine Herrlichkeit auch nur seiner internationalen Stellung zu verdanken gehabt hätte. Selbstverständlich ist es unter der Würde eines solchen souveränen Kritikers von neuester Mache, den Glanz und die Herrlichkeit des alten deutschen Reiches, wie sie in Wahrheit und Wirklichkeit waren, ein bißchen näher anzusehen. Besäße er aber zum Erkennen der Wahrheit und Wirklichkeit organisirte Augen, so würde er sich wohl hüten, von dem neuen Reiche zu verlangen, was das alte so unglücklich gemacht hat. All das Wollen und Thun selbst unserer „glänzendsten" und „herrlichsten" alten Kaiser war nichts als ein don-quijotischer Kampf mit der riesigen Heiligen-Römischen-Reichswindmühle, d. h. eine sündhafte und eitle Verschwendung der besten nationalen Kraft an die Dummheit, die Ungerechtigkeit, die Unmöglichkeit, einen internationalen Reichsbau herzustellen und aufrechtzuhalten.

17. Juli.

Wenn man die bunte Ueberstreichung des Christenthums durch die theologische Flachmalerei beseitigt, wenn man alle die mythologischen Fratzen, mystischen Kleckse, dogmatischen Schnörkel und moralischen Arabesken wegätzt, kommt der reine Pessimismus zum Vorschein. Das wahre Christenthum ist vollendeter Weltekel. Diesen hat darum auch ein christlicher Heiliger, Bernhard von Clairvaux, glaub' ich, in die bündigste Formel gebracht: — „Spernere mundum, spernere se ipsum, spernere sperni"*).

18. Juli.

Der Mensch vermag in der dünnen Firnluft der reinen Idee nicht lange zu athmen. Daher die Entartung aller Religionen. Der Ormuzdglaube wurde zum mechanischen Feuerkult, der Buddhismus zum stinkfaulen Lamaismus, der Jesuismus zum herrschsüchtigen Jesuitismus.

---

*) „Die Welt verachten, sich selbst verachten, das Verachtetsein verachten". N. d. H.

19. Juli.

Wie manche bittere Enttäuschung, wie viel Zorn, Leid und Kummer würden sich die Menschen ersparen, wenn sie sich es klarmachen und stets gegenwärtig halten wollten, daß so, wie die Menschen nun einmal sind, allzeit waren und immer sein werden, nicht die Gerechtigkeit, sondern nur die Billigkeit die Basis der Gesellschaft sein kann und ist. Denn wer von den Lebenden oder Todten würde der Gerechtigkeit gegenüber ganz bestehen können? Das Tribunal der Weltgeschichte ist darum auch nur ein Billigkeitgerichtshof.

———

20. Juli.

Wollt ihr erfahren, wie unter den reinen Händen eines rechten Dichters eine verfänglichste Situation zur keuschesten wird, so les't im Firdusi, welchen der treffliche Sprachmeister und liebe Poet Schack uns Deutschen so schön angeeignet hat, die Schilderung vom Nachtbesuche der „perigleichen" Tehmime beim „elephantenleibgestaltigen" Pehlewan von Iran: —

> „Nachdem ein Theil der Nacht vergangen war
> Und als der Morgenstern im Prangen war
> Da ward bei leiser Worte Flüstern sacht
> Die Thür' an Rustems Lager aufgemacht"....

und wollt ihr sehen, wie ein großer Künstler das Nackte mit antik=unbefangen=keuschem Sinne dar= zustellen weiß, so betrachtet Thorwaldsens Grazien. Diese verhalten sich zu den Grazien Canova's, wie Miltons Eva sich zu einer abgeliebten Komö= diantin verhält, welche „die Unschuld vom Lande" spielt.

21. Juli.

Gehst du mit einem Menschen, der nie stillsteht, um über eine am Wege blühende Blume sich zu freuen oder dem seitwärts im Gebüsche schlagenden Sprosser zu lauschen, so nimm dich in acht vor ihm! Er wird dich bei erster Gelegenheit begaunern. Er ist fähig, anonyme Briefe zu schreiben, folglich zu betrügen, falsch zu schwören, zu stehlen und zu vergiften. Uebrigens, so du ein Menschenverächter bist, hast du guten Grund, jeden an dich gerichte= ten anonymen Brief mit Freude zu begrüßen. Jeder zeigt dir ja die Berechtigung deiner Menschen=

verachtung; denn jeder liefert dir den Beweis, daß noch ein Schuft oder eine Schuftin mehr auf Erden.

---

22. Juli.

Kein Segen kommt dem der Arbeit gleich und nur der Mensch, welcher sein Lebenlang gearbeitet hat, kann sagen: Ich habe gelebt. Das unwissende, arbeitscheue und lüderliche Gesindel, welches die kommunistische Agitation zu seinem Handwerke macht, begeht eine Sünde von unberechenbarer Tragweite, wenn es, wie es ja thut, die Arbeit als einen Fluch darstellt, von welchem die Menschheit zu er= lösen sei. Wahrscheinlich dadurch, daß niemand mehr arbeitete. Denn das Ideal dieser infamen Schmarotzer ist die Faulenzerei, verbunden mit guter Verköstigung, wie Immermanns Karl Butter= vogel sie sich ausbedang. Ich meinestheils habe nach Beendigung einer Arbeit stets eine Lücke, eine Leere gefühlt, die mich peinigte, mich halb krank machte. Ich bin dermalen mit den Vorbereitungen zu einer neuen Arbeit beschäftigt, welche, fühle ich, wohl meine letzte sein wird. Schon vor Jahren forderte mich das inhaltsvolle Thema: Der Teufel in der Volkspoesie und in der Kunstdichtung — zu einer Behandlung heraus, zu einer kultur- und sittengeschichtlichen natürlich. Ich will nach genossener Sommerfrische im Gebirge mich rüstig daran machen. Der Gegenstand ist prächtig. Habe auch von einer zu diesem Zwecke seit Jahren fortgesetzten Wanderung durch das ganze Gebiet der Weltliteratur ein ungeheures Material mitheimgebracht. Es soll, hoff' ich, ein recht anziehendes Buch daraus werden, nach mancher Seite hin belehrend und anregend. Aufgefallen ist mir heute beim Wiederdurchblättern von Calderons „Magico prodigioso", daß der kastilische Dichter an seinem Satan dann und wann einen flüchtigen Zug aufzeigt, welcher wie eine Vorwegnahme göthe'sch-mephistophelischer Kaustik aussieht. So beim ersten Zusammentreffen mit dem gelehrten Cyprian, welchem sich der Teufel als Kollege vorstellt*).

---

*) Cyprian. Ach, je mehr man hier studirt,
 Desto minder weiß man.
Satan. Wahr!
 Und drum eben strebt' ich ohne

Sodann habe ich aus einer wiederholten Vergleichung der Satanasse Dante's und Miltons die Ueberzeugung gewonnen, daß der milton'sche dem dante'schen weit überlegen ist. Indem Dante den schildert, welcher

„Contra 'l suo fattore alzò le ciglia" —

läßt er der übersättigten Phantasie des Lesers nichts mehr zu thun übrig. Milton dagegen weiß dieselbe so anzuregen, daß sie dem Dichter seinen Satan gleichsam ausschaffen hilft. Alle die grelle Detailmalerei, welche der Florentiner an seinen Höllenkönig verschwendet, bringt doch nur einen Popanz zuwege, welcher an die mehr lächerlichen als schrecklichen Ungeheuer erinnert, die der selige Barnum für sein „Museum" zusammengeplätzt hat. Des Engländers Satan dagegen hat die Umrisse der menschlichen Gestalt, aber ins Kolossale gedehnt und von gewitterdüsterem Halbdunkel umwölkt,

---

    Studium kühn und offenbar
    Nach dem ersten der Katheder
    Und erhielt ihn auf ein Haar,
    Denn ich hatte viele Stimmen, u. s. w.

das erhabenes Grauen erregt und doch auch wieder etwas wie Theilnahme, während uns Dante's buntes Scheusal ganz gleichgiltig läßt. Milton ist überhaupt als Schöpfer übermenschlicher Figuren fast einzig. Macaulay, dessen bekannter Essay das Beste bleibt, was über Milton geschrieben worden, hat das richtig herausgefunden und die Eigenartigkeit der milton'schen Geisterwelt mit Recht gepriesen*). Tasso's Teufel ist nur ein geflickter Lumpensatan; dagegen verdient Vondels „Lucifer" alle Achtung. Dieser vierzehn Jahre vor dem milton'schen geschaffene Satan ist ein gewaltiger Kerl und ohne Frage die bedeutendste dichterische Figur, welche auf holländischem Boden gewachsen.

---

*) „The spirits of Milton are unlike those of almost all other writers. His fiends, in particular, are wonderful creations. They are not metaphysical abstractions. They are not wicked men. They are not ugly beasts. Thei have no horns, no tails, none of the fee-faw-fum of Tasso and Klopstock. They have just enough in common with human nature to be intelligible to human beings. Their charakters are, like their forms, marked by a certain dim rresemblance to those of men, but exaggerated to gigantic dimensions and veiled in mysterious gloom".

Klopstocks Höllenfürst verhält sich zu dem des „Paradise lost" wie ein deutscher Magister zu einem Hauptmann von Cromwells Eisenseiten. Am nächsten kommt dem milton'schen Satan der byron'sche, welcher — in der „Vision of judgment"—

. . . . . . „Die finstern Flügel schlug
Wie Donnerwolken über ödem Strande,
Der nur die Wracks verlorner Schiffe trug;
Die Stirn, als ob ein Meer im Sturme brande, —
Tief, unergründlich, lag in jedem Zug
Endlosen Zorns unsterbliches Gefunkel,
Und wo er hinsah, ward der Weltraum dunkel."

Man sieht, in dieser Zeichnung beruht der Eindruck, welchen die Erscheinung Satans hervorbringt, auf dem Materiell-Furchtbaren. Im „Kain" dagegen hat Byron einen Lucifer geschaffen, dessen Erscheinung, mit außerordentlicher Feinheit umrissen', so zu sagen nur geistig wirkt. Die Stelle, wo Kain den herankommenden Satan zum erstenmal erblickt und ihn schildert, gehört mit zu dem Bedeutendsten, was von Geisterweltlichem jemals gedichtet worden ist: —

„Whom have we here? A shape like to the angels,
Yet of a sterner and a sadder aspect

Of spiritual essence: why do I quake?
Why should I fear him more than other spirits?
If I shrink not from these, the fire-arm'd angels,
Why should I quail from him who now approaches?
Yet he seems mightier far than them, nor less
Beauteous, and yet not all as beautiful
As he hath been and might be: sorrow seems
Half of his immortality."

---

23. Juli.

Gestern ward mir eine sehr liebe Ueberraschung zutheil. Freiligrath, mit dem ich mich seit so vielen Jahren innerlichst befreundet gefühlt, den ich aber noch nie von Angesicht zu Angesicht gesehen hatte, kam mich besuchen. Er ist mit Frau und Töchtern, die mir sehr gefallen haben, auf einer Schweizerfahrt begriffen. Das sind nun so Menschen, mit welchen man sich schon in der ersten Viertelstunde wie mit alten Freunden fühlt. Wir verbrachten gute Stunden mitsammen und Gottfried Keller und ich begleiteten dann Abends den Dichter und die Seinigen noch eine Strecke den See hinauf, an dessen Ufern vor Zeiten jener als Flüchtling eine Weile gerastet hatte, der grünen Insel gegenüber, auf welcher sie den müden Hutten Anno 1523 in ein Grab senkten, dessen Stelle man nicht mehr kennt.... Freiligraths Persönlichkeit muß überall den besten Eindruck hervorbringen. Ein ganzer Mensch! Nicht der Schatten einer Spur von Poeteneitelkeit, keine Ahnung von widerwärtigem Literatenatmosphärenduft! Schlicht, wahr und offen gibt er sich, wie er ist. Er denkt gar nicht daran, etwas aus sich machen zu wollen, zu müssen; er ist da und ist etwas. Man spürt doch sogleich den bedeutenden Menschen. Ich habe den gestrigen Tag in meinem Lebenskalender roth angestrichen.

---

24. Juli.

Lord Bolingbroke verglich zu seiner Zeit die Priester witzig mit den Ammen Jupiters, welche ein groß Geschrei machten, um die Stimme des Gottes nicht hörbar werden zu lassen. Gerade so schreien manche „Volksmänner" von eigener Mache aus Leibeskräften, damit man die Stimme des Volkes nicht höre.

25. Juli.

Zu den widerlichsten Schwindelschwatzschwänzen, welche die Gegenwart unsicher machen, gehören entschieden jene "russischen" Nihilisten, zu deutsch Nichtser, welche, statt zu Hause etwas zu lernen und sich irgendwie nützlich zu machen, jahraus jahrein in Europa herumbummeln und alle Salbaderkongresse, wo Narr Phantasus mit Gaunerin Tagdieberei kankanirt, mittanzen. Die gesammte geistige Wegzehrung dieser Zu= und Aufdränglinge besteht in etlichen gelegentlich aus Feuerbach, Schopenhauer, Comte und Mill aufgeschnappten Brocken. Zu aller Arbeit verhalten sie sich idiosynkratisch, was sie jedoch nicht abhält, vom "Recht der Arbeit" zu deklamiren. Ueberfiel mich in diesen Tagen so ein Stück Jung=Rußland und schwatzte mich halbtodt. Die erwähnten Brocken flogen nur so um mich herum wie Knallerbsen. Mein Schwärmer für alle möglichen und unmöglichen Rechte — von Pflichten zu wissen war natürlich unter seiner Würde — gab endlich als Generalsalve seiner "durchaus voraussetzungslosen" Weltanschauung einen konfusionärrischen Traktat über einen Lieblingstext derartiger Bummelprediger zum besten, über Frauenemanzipation und was damit zusammenhängt. Bitte, sagt' ich, mit meiner Geduld zu Rande und merkend, daß ich mit meinem Behelliger Fraktur sprechen müßte — bitte, da laſſen Sie mich aus, wie die Oeſterreicher ſagen. Verſtehe nichts von dieſem Ding. Weiß nur, daß ich, ſo oft ich noch nothgedrungen den Haushalt einer „Emanzipirten" betreten mußte, ſtark verſucht war, die Augen zu ſchließen, die Ohren zu ver=ſtopfen und die Naſe zuzuhalten. So ſehr war da die Unordnung emanzipirt und der Schmutz gleich=berechtigt. Schmierfinken von Kindern manifeſtirten durch ihr Geſchrei und ihre Lümmelei, daß ſie ſich über ihre emanzipirte Mama bereits hinwegeman=zipirt hätten, und auf Schritt und Tritt mußt' ich mich in acht nehmen, um nicht über unnennbare Gegenſtände zu ſtolpern. „Nebenſächliches, lauter Nebenſächliches", meinte Herr Aſinowitſch Schwar=belinsky und ſetzte großartig hinzu: „Mein Ideal vom Menſch — (er wollte wohl ſagen vom Menſchen) — iſt nun einmal das emanzipirte Weib." Mein Ideal, verſetzt' ich, keilſchriftlich das Geſpräch ab=

brechend — mein Ideal ist dermalen jener zweite Preußenkönig mit dem Zopf und mit dem Stock, welcher jeden Tagdieb, den er in den Gassen von Berlin herumlungern sah, anrasselte mit dem Urworte: „Geh' heim, Kerl, und thu' was!"

---

26. Juli.

Es ist ein halb grausiger halb lächerlicher Anblick, wenn Mumien, vom Ehrgeiz galvanisirt, noch mitspielen wollen in der „Tragicomoedia humana". Da ist z. B. die Mumie Guizot, die schlechterdings nicht stillliegen will in der Gruft ihrer Verschollenheit. Kein Mensch mag mehr etwas wissen von der alten Unheilselster, sie aber kann den Schnabel nicht halten. In der Politik mitzumunkeln, das geht absolut nicht mehr; was thut also der alte Mensch? Er macht und muckert in kirchlicher Orthodoxie. Ihr sagt mir vielleicht: „Respektiren Sie doch das Alter!" Das thu' ich, aber unter der Bedingung, daß zuvörderst das Alter sich selber respektire, nämlich mittels Beherzigung der Wahrheit: Das Reden der Jungen ist zwar häufig

Blech, das Schweigen der Alten aber ist meistens Gold. Im übrigen hat Sallet mal grobianisch=treffend bemerkt:

> „Ihr sagt, man soll das Alter ehren;
> Doch werdet ihr nimmer mich belehren,
> Daß eines alten Esels Geschrei
> Schöner als das eines jungen sei."

---

27. Juli.

"Und sie bewegt sich doch" — im Kreise herum. Wir scheinen dermalen im Halbkreise rechter Hand scharf bergabwärts zu fahren. Denn das wird selbst der begeistertste Optimist nicht leugnen können, daß wir ungeachtet aller unserer Hanns=Dampferei, trotz Blitzschrift, Gezogenem=Kanonenrecht, Zünd=nadelgewehrhumanität und Chassepotswunderwir=kung in vielen und zwar sehr wichtigen Dingen hinter den Punkt zurückgeglitten sind, welchen wir vor hundert Jahren schon erreicht hatten. Damals hätte man den Staatsgewalten, auch den katho=lischen, mit einer so kolossalen Tollhäuslerei und Unverschämtheit kommen sollen, wie das Dogma vom 18. Juli 1870 eine war! Es wäre rein un=

möglich gewesen. Die Menschen von damals hätten
den vatikanischen Aftergott mit der Schallwucht
ihres Gelächters zermalmt. Damals gab es ja
auch noch deutsch=denkende und patriotisch=fühlende
Bischöfe in Deutschland und war Frankreich noch
nicht die Hauptburg der Dunkelmannschaft. Zu
jener Zeit, als Kant auf der Sturmleiter der
„Kritik der reinen Vernunft" zur Höhe des jüdisch=
christlichen Olymps hinanstieg und den großen
Kehraus aufspielte — zu jener Zeit, wo der re=
volutionäre „Sturm und Drang" in die ganze
Gesellschaft gefahren war — zu jener Zeit, wo es
allüberall wertherte und faustete, da ließ es sich
wohl hören, begreifen und verzeihen, wenn der
von Göthe in der Walburgisnacht als „Prokto=
phantasmist" verunnamsete Aufklärer Nikolai von
wegen seiner „Jesuitenriecherei" allgemein verhöhnt
und verlacht wurde. Aber heute? Heute ist der
treffliche Mann vollständig gerechtfertigt. Er hat
nur allzu richtig gerochen, vorausgerochen. Aber
doch würde auch er, so er heute wiederkommen
könnte, vor Erstaunen die Hände über seinem
Dreimaster zusammenschlagen und würde sein Zopf

vor Entsetzen himmelan starren, müßte er mitansehen und mitanhören, daß und wie im Jahre 1872, nach der ungeheuren Kraftentfaltung und nach den beispiellosen Triumphen deutscher Nation in den Jahren 1870—71, die Jesuitenfrage eine Lebensfrage für das neue deutsche Reich sei, — eine Frage, von deren Lösung geradezu die Zukunft unseres Volkes abhängig erscheint. Soweit sind wir seit hundert Jahren zurückgekommen, soweit ins unbegreiflich, ins haarsträubend Dumme zurückgefallen. Dieser Rückfall begann bekanntlich mit dem Aufkommen der romantischen Schule, einer kolossalen Verirrung des deutschen Geistes; aber in beschleunigtem Tempo, so recht rabiat rückwärts ging es erst vom Jahre 1838 an, nachdem die preußische Regierung vor den frechen Anmaßungen Roms schmählich zurückgewichen war. Dann, nachdem die Völker, d. h. ihre nichtsnutzigen Führer, die größte aller Dummheiten verübt hatten, eine halbe Revolution, kam das Decennium des Unsinns und Frevels von 1850—60, brachte die Schulregulative, dieses Schandbenkmal der lutherischen Jesuiterei, förderte in allen Gesellschaft=

schichten die menschliche Niederzucht und hätschelte und mästete die schwarze römische Schlange groß, bis daß ihr Zischen zum Drachengebrüll anschwoll. Jetzt erst merkte man droben etwas, jetzt erst dämmerte Fürsten und Ministern die Ahnung auf, daß der Staat doch eigentlich seit lange schon nur noch der Handlanger, der Büttel, der Narr der Kirche gewesen sei. Jetzt endlich, als das „vierhörnige Jesuwiderhütlein", vor welchem der ehrliche Fischart schon Anno 1580 die Deutschen so nachdrucksam gewarnt hatte, ganz offen auf die päpstliche Tiara gestülpt wurde und der ganze die Weltherrschaft ansprechende und heischende Papstwahnwitz eines siebenten Gregor im neunten Pius wiederum rasete und rasaunete, jetzt endlich verschloß man auch in Berlin Augen und Ohren nicht länger der Thatsache, daß die Geschichte unseres Volkes vom Anfang bis zur heutigen Stunde nur die Geschichte eines Kampfes auf Leben oder Sterben zwischen Deutschland und Rom gewesen ist. Der deutsche Geist, als der der Freiheit, und der römische, als der der Unterjochung, sie haben nicht Platz neben einander in der Welt: einer muß durch den andern niedergekämpft, gebrochen, vernichtet werden. Heil meinem Lande, Segen über mein Volk, wenn es diesen guten, diesen besten Kampf mit deutscher Gründlichkeit zu siegreichem Ende führt! Es wird dann für die Menschheit unendlich viel mehr gethan haben, als Frankreich mittels seiner großen und seinen verschiedenen kleinen Revolutionen jemals gewollt hat.

---

28. Juli.

Die durch einen Zufall veranlaßte Wiederdurchlesung von Professor Friedrichs „Tagebuch" hat mir abermals sehr trübe Eindrücke hinterlassen. Das Traurigste in dem Buche ist noch nicht einmal das feige, heuchlerische und verrätherische Gebaren der deutschen Bischöfe, sondern vielmehr der Umstand, daß uns Deutschen, die wir einen Luther und Hutten, einen Lessing und Kant, einen Göthe und Schiller gehabt haben, zugemuthet werden kann und darf, wir sollten und müßten uns mit solchem mittelalterlichen Bafel und Stank, mit Koncilienbarbarei, Pfaffenköchinnenhysterie, Un=

beflecktem=Empfängniß= und Infallibilitätsblödsinn
ernstlich befassen und beschäftigen. Kann man da
denn anders, als die Erde für ein ungeheures
Narrenhaus erklären? Und leider sind die ärgsten
und gefährlichsten Narren nicht einmal in Tob=
zellen verwahrt.

---

29. Juli.

Das höchste Talent, welches der Mensch in diesem
> „Schlaf voll ängstlich=wilder Träume, welchen
> Wir Leben nennen" —

besitzen und entwickeln kann, ist das Talent,
glücklich zu machen; das zweithöchste, glücklich zu
sein. Mir war dieses und jenes versagt. Ich
hatte schon in meiner Jugend, schon in meiner
Kindheit so viele Bitternisse schlucken müssen, daß
mir das Herz frühzeitig in Galle schwamm.
Dann war ich ja auch mit jenem unglückseligen
Scharfbeobachtungsblicke begabt, welcher den
Menschen in Herz und Nieren bringt, als hätten
sie gläserne Brustkasten, und endlich war ich
von jenem Wahrheitsgefühl und jenem Ge=
rechtigkeitstrieb besessen, deren Träger sich den

Leuten so unbequem und unangenehm machen, machen müssen; sie mögen wollen oder nicht. Denn von 100,000 Menschen fragen 99,999 keinen Pfifferling nach Wahrheit und Gerechtigkeit, sondern nur nach der Konvenienz, und sie erblicken naturnothwendig in jedem einen Feind, welcher sie so oder so, absichtlich oder bloß zufällig aus ihrem konventionellen Schlendrian aufstört. Es macht sie wüthend, daß es Menschen geben soll, die sich erfrechen, keine solchen Illusionäre, Traumwandler, Korkzapfen, Schwindler, Philister, Bierbänkler, Kartenspieler, Schmarotzer, Kriechenten, Mucker, Hofprofessoren, Waschlappen u. dgl. m. zu sein, wie sie selber sind. Derartigem Gemensch er gegenüber ist jenes stolze und doch so unendlich schmerzliche Gefühl der Vereinsamung, welches den Manfred sagen ließ:

„My joys, my griefs, my passions and my powers
Made me a stranger —"

ganz natürlich, fast unausweichlich. Aber es ist unrecht, diesem Gefühle sich zu überlassen. Es führt nur zu einer dummen Ueberhebung, zu einer lächerlichen Selbstgerechtigkeit. Prüft man sich mit unerbittlicher Genauigkeit, so wird man finden, daß man eben auch so ein armes schwaches Ding ist wie die anderen alle und daß man nicht das geringste Recht hat, seine lieben oder unlieben Mitmenschen zu tadeln, wenn sie in ihrer Art sich selber und nebenbei auch andere glücklich machen wollen. Es ist das, wie gesagt, so recht das Talent der Talente, das große, höchst begehrungswerthe Täuschungstalent; denn man vermag damit sich selbst und andere über die furchtbare Thatsache hinwegzutäuschen, daß es ein wirkliches Glück gar nicht gibt und daß der arme Leopardi vollberechtigt war, zu klagen:

„. . . . . Fantasmi
Son la gloria e l'onor; diletti e beni
Mero desio; non ha la vita un frutto,
Inutile miseria!"

30. Juli.

Die internationalen Fanatiker, die schwarzen und die rothen, welche gegen Vernunft und Gesittung, gegen alles, was das Leben erträglich macht, sturmlaufen — jene mit der frechen Botschaft Loyola's, diese mit der frecheren, weil sophistischeren Feist Löb's bewaffnet — sie finden auf ihrem Wege einen unliebsamen Stein des Anstoßes: das Buch der Geschichte. Sie würden dasselbe gar zu gern verbrennen, lieber heute als morgen, und das ist begreiflich; denn es ruft ihnen ja auf jeder seiner Seiten zu: „Ihr seid sammt und sonders entweder Narren oder Gauner!" Aber nicht allein dem schwarzen und rothen Geziefer, sondern auch der Bürgerschaft von Nubikukulien ist die Geschichte widerwärtig. Natürlich, sie ist ja das strenge Korrektiv aller Wolkenkukuksheimerei. Erinnert mich das an eine heitere Episode von Anno 1848. Hielt eines Abends im „Volksverein" ein guter alter, aber gehirnweichlicher Junge eine jener damals leider nicht ungewöhnlichen Pauken,

> „Drinn das Hohle mit dem Leeren
> Sich langweilerlichst verband" —

eine jener Pauken, welche ihrem Halter in der Partei den Kriegsnamen des Bürgers „Reichsbäbbeler"*) eingetragen hatten. Als er fertig, stand mein neben mir sitzender Freund Ludwig

---

*) Vom schwäbischen „babbeln" oder „bäbbeln", d. i. plappern.   A. d. H.

Seeger auf und sagte — (er war nämlich unter Umständen ein thätiges Mitglied vom Orden des heiligen Grobianus): — "Wenn ich sogar mit der Laterne des Diogenes den so eben abgehaspelten Wortknäuel untersuchte, würde doch keinerlei Sinn herauszufinden sein. Das von dem Vorredner Vorgebrachte widerspricht von A bis Z aller Geschichte" — — "Was Geschichte?" schrie der Bürger Reichsbäbbeler. "Geschichte hin Geschichte her, ich behaupt' es doch!" ... Nun sind sie beide schon seit Jahren todt, der gute Wolkenkukuksheimer und der erzgescheide, kenntnißreiche, witzige haar- und bartrothe Seeger, einer der kurzweiligsten, ergötzlichsten Menschen, welche ich je gekannt habe, der liebe Humorist und Poet, welcher den Aristophanes und den Béranger meisterlich verdeutscht und eins der schönsten Liebelieder ("Frage mich nicht!") gedichtet hat, die überhaupt existiren. Ich konnte mir, weiß der Himmel, nicht helfen, ich mußte, als ich heute der beiden Todten dachte, unwillkürlich auch an die Verse der Edda denken:

"Das Vieh stirbt, die Freunde sterben
Und endlich stirbt man selbst."

31. Juli.

Mitten im Volke geboren und aufgewachsen, habe ich nie aufgehört, es zu lieben. Wie könnt' ich auch anders? Bin ich doch Bein von seinem Bein und Fleisch von seinem Fleisch. Aber ich liebte und liebe das Volk nur seiner guten Eigenschaften willen, nicht seiner schlechten wegen, welche letzteren mittels niederzüchtiger Schmeichelei zu entwickeln den Volkshofschranzen unserer Tage nur allzu gut gelungen ist. Ich darf wohl von mir sagen, daß ich nicht im Hintertreffen, sondern in der Vorderreihe der Kämpfer für die Volksrechte gestanden und manchen guten Hieb und Stoß in diesem Kampfe gethan habe. Aber nie vergaß ich, das Volk zu erinnern, daß Rechte bedingt sind durch Pflichten; bei jeder Gelegenheit schärfte ich ihm ein, daß die Arbeit keine Schande, sondern vielmehr der einzige Adel, und daß die Freiheit kein Lotterbett, sondern „ein strenger Dienst" sei. Fürstengunstbuhler sind ekelhaft, Volksgunstbuhler noch ekelhafter, weil diese den Namen der Freiheit eitel im Munde führen, gerade wie die Jesuiten den Namen Jesu, während die Fürstenschmeichler sich wenigstens als die Lakaien geben, welche sie sind. Das Volk erträgt nicht immer, aber doch dann und wann die Wahrheit, der Pöbel allzeit nur die Lüge. Wer das Volk aufrichtig und uneigennützig liebt, muß den Pöbel hassen, weil dieser ein so wüstes Zerrbild von jenem. „Aufhebung des Pöbels!" Wohl, ich verkenne nicht das Bestechende und das wirklich Wohlwollende dieser Phrase. Aber ich muß mich fragen: Gibt uns der ganze Verlauf menschheitlicher Entwickelung vom Anfang der Gesellschaft bis heute die Hoffnung an die Hand, daß die Verwirklichung jenes wohlmeinenden Postulats jemals eine Möglichkeit sein werde? Nein! Es wird allzeit einen Pöbel geben; weil die Rasse der Pöbelmenschen nie ausstirbt, unten nicht, mitten nicht, oben nicht, womit schon gesagt ist, daß ich die Pöbelei mit dem Proletariat als solchem nicht indentifizire. Gedankenlose Menschen wähnen mit den stereotypen Redensarten vom unaufhaltsamen Vorschritt, von der unendlichen Entwickelung zum Besseren u. dgl. m. alle Probleme lösen zu können. Sie übersehen aber, daß in genauem Verhältnisse zu den Vorschritten der

Gesellschaft auch die Bedürfnisse und Forderungen vorschreiten und demnach die allgemeine und vollständige physische und moralische, materielle und intellektuelle Befriedigung für die ebenfalls progressiv anwachsende Gesammtheit verhältnißmäßig immer schwieriger werden muß. Wissende und denkende Menschen stehen auch gar nicht an, zu bekennen, daß das unserem Geschlechte von Uranfang anhaftende Elend mit der Civilisation nur gewachsen ist, weil die Civilisation uns dieses Elend erst so recht zum Bewußtsein brachte. Das goldene Zeitalter liegt so wenig vor uns wie hinter uns.

August und September.

1. August.

Der alte Fischart gibt, wenn ich mich recht erinnere, irgendwo eine lange Liste von Eseln, welche er nach ihren verschiedenen Eigenschaften und Merkmalen rubricirt. Ich befinde mich nun heute in dem wenig schmeichelhaften Falle, diese fischart'sche classificatio asinorum um eine neue Species bereichern zu können und zwar mit meinem eigenen leibwerthen Ich, indem ich mich in besagte Liste eintrage als der „lobende Esel" (asinus magnificans). Und das von rechtswegen. Nämlich vor Jahresfrist hatte ich zur Sommerfrische einen verhältnißmäßig stillen, von der Touristenströmung noch unberührten Ort aufgefunden, wo ich mich recht behaglich fühlte. Statt nun, wie ein kluger Mann gethan hätte, dieses Behagen bei mir zu

behalten, that ich wie ein richtiger Enthusiasmus,
setzte mich eines schönen Morgens, welchen ich viel
besser als schweigsamer Schlenderer verbracht haben
würde, hin und schrieb für die „Neue Freie Presse"
in Wien eine lobpreisende Schilderung meines
Tusculi, allwo ich auch heuer wieder mich aufzu=
frischen hoffte. Aber nichts da! Die unverzeihliche
Schlemihlerei oder, geradeheraus zu reden, Eselei,
womit ich meine mehr oder weniger lieben Mit=
menschen auf eine der reizendsten Stellen der
Schweiz aufmerksam gemacht hatte, blieb nicht un=
gestraft. Als ich an dem lobgepriesenen Orte,
Herberge bestellte, lautete der Bescheid: „Alles voll
auf Wochen hinaus — Eine deutsche Prinzessin
mit großem Gefolge — Thut uns recht sehr leid
— Hinterzimmer soundso zur Verfügung". Be=
dankte mich schön, allbieweilen mir bekannt, daß
die eine Wand dieser Kemenate a posteriori durch
den großen Küchenschlot gebildet wird.

Jetzo hieß es: Wohin? und ich lös'te die Frage
mittels des Citats: „Von Zeit zu Zeit seh' ich die
Alte gern". Will sagen: die Jungfrau. Riskirten
also zunächst die Fahrt nach dem früher so häufig

und gern von uns aufgesuchten, nun aber schon
seit Jahren gemiedenen Interlaken. Verschiedene
Wolkenbrüche unterwegs, versteht sich. Gott Vischnu
regiert ja sommerlang. Während der Fahrt über
den thuner See trieb er es ganz unanständig,
geradezu niederträchtig, und noch dazu kam mir in
der vollgepfropften dumpfigen Kajüte die schaudernde
Rückerinnerung an die Abenteuer einer vor langer
Zeit mal in Thun die ganze Nacht hindurch mit-
gemachten Parforcejagd auf jenes kleine, aber
grausame Wild, welches das Wahrzeichen einer
berühmten süddeutschen Residenz ist oder wenigstens
sein sollte, maßen mit Recht von selbiger gesagt
und gesungen wird:

  Oh, du große Stadt der Wanzen!
  Oh, du Stadt der großen Wanzen!
  Oh, du große Wanzenstadt!

Dankbaren Gemüthes, wie ich nun einmal bin,
darf ich auch nicht unterlassen, des wackern Teu-
tonen vom Stamme Ach-und-Ei-Herrjeses zu gedenken, welcher etliche Stunden lang in dem heißen
Eisenbahnwagen als Windhaspel thätig war, mit

unermüdlichem und schallreichem Mundstück die brütende Treibhausatmosphäre umwirbelnd.

Das ganze „Bödeli" trof bei unserer Ankunft von Nebel und Nässe und im Hintergrunde des Thales von Lauterbrunnen stand hinter Regenwolken die liebe Alte, kläglich anzusehen, vergrämt, verweint, angegräulicht, zur Stunde entschieden eine alte Jungfer, welcher so eben der letzte Heiratsversuch mißlungen ist und die den Mantel der Gottseligkeit umgehängt, die Kapuze der Weltentsagung über die Ohren und den Schleier der Männerverachtung vor das Gesicht gezogen hat.

Der Abend schenkte dann noch einen kümmerlichen Sonnenblick und ich ging den „Höhenweg" unter den herrlichen alten Nußbäumen hinauf. Sie sind geblieben, aber sonst ist alles anders geworden, namentlich in den letzten zehn Jahren und gar vollends seit dem Tage, wo ich als junger Bursch in meiner Studentenzeit zum erstenmal hier war. Wie bescheiden, aber auch wie heimelig=einladend lugten damals die kleinen Gasthäuser von netter oberländer Holzbauart aus den Baumschatten hervor! Jetzt Palast an Palast gereiht, geschwätzige

Springbrunnen davor, Rasenplätze, Blumenbeete, dazwischen ein Gewühl der neuesten Damenmoden und dahinter auf den Freitreppen und in den Portiken ein Heer von Kellnern mit fliegenden Servietten und sausenden Fräckezipfeln. Babylonisches Sprachengeschwirr, fürchterlich gepuhte Kinder auf trottenden Eseln, Omnibus an Omnibus, Pferdeglockengeklingel, Peitschengeknall, grelle Gaslichter, vom Kursalgarten herüber die rauschenden Klänge des Marsches aus dem „Tanhäuser" — man merkt sofort, daß man an einem Orte, wo sich der Luxus von Europa und Amerika Stelldichein gibt.

Hinter den taghell erleuchteten Spiegelscheiben eines mit den berühmten oberländer Holzschnitzwaaren angefüllten Magazins stand eine wirklich meisterlich geschnittene Kopie des Abendmahls von Da Vinci. Während ich dieses Werk eines unendlich gedulbigen Fleißes bewundernd betrachtete, hörte ich eine fette Stimme hinter mir ausrufen: „Dreiundvierzig Milliarden gezeichnet! Grandios! Kapital!" und mich umwendend hatte ich keine geringe Verblüffung zu verwinden. Denn wahrhaftig, da standen ja die Apostel, wenigstens ihrer sechs, wie aus dem Da Vinci'schen Bilde herausgesprungen, nur moderner angezogen und die Bärte etwas weniger neutestamentlich zugeschnitten. „Dreiundvierzig Milliarden! Pompos!" wiederholte mit selbstgefälligen Hängebacken Herr Hamburgmeyer. „Pompos! Grandios!" echote Herr Frankfurtmeyer, während Herr Berlinmeyer seinen linken Nasenflügel mit dem goldenen Stockknopfe liebkos'te und seinen Herren Kollegen mittels des Augenblinzelapparats die Bemerkung zutelegraphirte: „Wir haben, denk' ich, zu diesem dreiundvierzigmilliardischen Resultat auch etzliches beigetragen". Die Herren Wienmeyer, Breslaumeyer, Leipzigmeyer u. s. w. in der Meyerei nickten zustimmend. Die ganze Gründerhorde war sich ihrer weltgeschichtlichen Bedeutung augenscheinlich hochgradig bewußt und froh und ging auf der Terrasse vor dem Kursale Sorbet zu schlürfen und von ihren Anstrengungen für das Wohl Frankreichs und der Menschheit auszuruhen. Die bunte Gesellschaft dort war ganz auf der Höhe der Zeit. Was jemals Damenschneider und Modistinnen in ihren kühnsten

Visionen geschaut, hier war es zu schauderhafter
Wirklichkeit geworden. Mir wurde da unter ande=
rem klar, warum Gummi und Kautschuk neuerlich
so furchtbar aufgeschlagen haben, als ich diese
Engländerinnen mit ihren Plumpuddings=Busen=
gebirgen an mir vorüberstolziren sah. Das schöne
Amerika zeichnete sich durch fabelhafte Haarfülle
aus: Yankeesinnen von drei Roßschweifen gab es
die schwere Menge. Russinnen lieferten zu den
englischen Vorträgen die entsprechenden Nachträge,
Revanche blickende Pariserinnen ließen gerne sehen,
daß sie doch die niedlichsten Füße hätten und am
graziösesten zu gehen verständen; eine Polin fiel
mir durch edlen Gesichtsschnitt, eine Magyarin
durch die blitzende Glut ihrer Schwarzaugen auf;
aber am besten gefiel mir doch ein junges Mädchen
von dort, wo Göthe und Schiller begraben sind.
Ihr langes Blondhaar war auf ihrem eigenen Kopfe
gewachsen und es sah sich gar närrisch=rührend
an, wenn das schöne junge Ding mit scheuen und
doch neugierigen Pensionats=Augen um sich blickte.
Licht sei dein Loos und leicht sei dir des Lebens
Last all dein Lebenlang, blondlockige Landsmännin!

Dicht daneben zeigte sich freilich deutsche Landsmannschaft auch in weniger lieblicher Erscheinungsform. Zwei jener überflüssigen Existenzen, welche die Natur zu Hausknechten bestimmt und des Schicksals Gunst zu Rentiers gemacht hat, stritten sich im nationalliberalsten Berliner-Deutsch, ob sich der Winter am bequemsten und angenehmsten in Neapel oder aber in Kairo verbummeln lasse. Der für letzteren Winteraufenthalt Schwärmende schloß die Herzählung der „Unterhaltungs- und Zerstreuungsmittel", welche die Hauptstadt Aegyptens biete, mit der emphatischen Bemerkung: „Und ich bitte Sie, wie originell machen sich die türkischen Leichenbegängnisse! So was lebt nicht!" Wie der Streit endigte, weiß ich nicht; das aber weiß ich, daß die wider Willen mit angehörte Disputation mich dreierlei wünschen und eins beabsichtigen machte: 1. ein Kommunist zu sein; 2. ein handfester Kommunist zu sein, 3. einen handfesten Mitkommunisten zur Seite zu haben, um viribus unitis die beiden Ueberflüssigen, welche offenbar niemals eine Silbe vom Evangelium der Arbeit vernommen hatten, dahinten in die reißende Aare

werfen zu können, damit sie wenigstens einmal in
ihrem unnützen Leben erführen, was der „Kampf
ums Dasein" sei. Gewiß, es war recht dumm,
mir durch solche dumme Einfälle den ohnehin sattsam trüben Abend noch mehr zu vertrüben; aber
ein einmal angeschlagener Gedankenakkord will
ausklingen und so ließ sich denn die unheimliche
Stimme nicht abweisen, welche mir, während ich
den Höhenweg hinunter zu meinem Quartiere zurück-
wandelte, zuflüsterte: „Einst wird kommen ein Tag
oder eine Nacht, wo die rothen Barbaren hier mit
Petrolspritzen herumfahren, um alle diese prächtigen
Herbergen des Müßigganges und der Genußsucht
für das Werk der Brandfackel zu taufen und zu
weihen." Bah, Nonsens! gab ich mir selber laut
zur Antwort; die rothen Barbaren werden sich bis
dahin wohl so weit civilisirt haben, daß sie, statt
diese Paläste zu verbrennen, sich lieber dareinsetzen,
um von der Höhe der Bankett-Tafel des Lebens
gerade so vornehm auf die draußenstehenden Nicht-
zugelassenen herabzusehen, wie die jetzt Banketti-
renden thun. „Steh' du auf, damit ich mich hin-
setzen kann!" — Dieser triviale Ur-Meidinger ist

ja doch Kern und Essenz der „sozialen Frage",
war es schon vor Jahrtausenden und wird es nach
Jahrtausenden noch sein. Der naturfarbige Kommunismus, welcher, verglichen mit dem geschminkten,
dem „Sozialismus", ein ehrlicher Kerl ist, gesteht
das auch offen ein. Die Herren „Sozial=Philo=
sophen" dagegen, die Confusii Confusiorum, schleier-
machern einen bunten Wortnebel um die brutale
Thatsache herum. Der Kommunismus brüllt: „Ich
will mir's ganz kanibalisch wohl sein lassen!" Der
Sozialismus docirt: „Ich will und werde das
Ideal des Menschenthums verwirklichen". Der
Kommunist droht: „Ihr habt lange genug ge-
schwelgt, jetzt ist die Reihe an uns". Der Sozialist
lügt: „Keinem soll genommen, aber allen gegeben
werden". Nicht der brüllende, drohende Kommunismus wird die große soziale Katastrophe, die
„Götterdämmerung" der modernen Welt herbeiführen, wohl aber der heuchelnde, lügende, kofetti-
rende Sozialismus. Er ist im vollen Zuge.
Götterdämmerungen müssen ja von Zeit zu Zeit
eintreten, es geht einmal nicht anders. Ihr könnt
diese moralischen Kataklysmen beklagen, aber ihr

könnt sie nicht abwenden, gerade so wenig, wie ihr Erdbeben und andere physische Katastrophen abzuwenden vermögt. Zerstörung muß dann und wann mit ihrem Eisen- und Feuerbesen über und durch die Menschheit fahren und fegen, um den angesammelten Unrath wegzukehren, damit zu neuem Schaffen Raum werde. . . .

Es war leider unthunlich, von Interlaken aus die bekannten Ausflüge in die Umgegend zu machen. Hunderte versuchten es tagtäglich, kamen aber Abends windelweich durchgeregnet zurück, ohne etwas gesehen zu haben als Nebel, Koth und lange, längere, längste Gasthausrechnungen. Aber einmal that uns die liebe ewig junge Alte doch den Gefallen, beim Scheiden des Tages sich zu entschleiern und in ihrer ganzen Glorie zu offenbaren. Sie ist und bleibt doch unvergleichlich schön, wenn sie aus der dunkeln Umrahmung ihrer Vorberge hervortritt in der Fülle ihrer Majestät, und stillandächtig hingen die trunkenen Augen an ihr —

Bis von der Firnschneekrone diamantenbegletscherten Zacken
Schwand der purpurne Glanz scheidender Sonne hinweg.

2. August.

Seinen Namen im sogenannten Weltgeschichtebuch verewigen? „Verewigen?" Was ist denn das im Grunde anderes, als wenn ein dummer Junge seinen Namen auf eine Fensterscheibe kritzelt?

---

3. August.

Soweit ich mich überhaupt noch über Dinge ärgere und betrübe, welche ich nicht ändern kann, ärgere und betrübe ich mich über die Zustände in Oestreich. Ich habe für die Deutsch-Oestreicher allzeit eine große Vorliebe gehabt und bin allen borussomanischen Sophisten zum Trotz der standhaften Ueberzeugung, daß Deutschland unfertig und das deutsche Reich unvollendet sei, so lange die Deutsch-Oestreicher „draußen". Dermalen vergeuden sie ihre besten Kräfte in einem unfruchtbaren Ringen mit dem Magyarenthum, welches sie beherrschen will, und mit dem Slaventhum, welches sie vernichten möchte. Der Kampf mit diesen beiden Feinden ist so ungleich, zu ungleich, weil dieselben drei mächtige Bundesgenossen haben: das Pfaffenthum, das Junkerthum und das Hofschranzenthum.

Möglich allerdings, daß die Macht deutscher Kultur schließlich über die schlimme Fünffaltigkeit triumphirte, falls diese Macht mit Genialität und Energie geführt würde. Aber das ist leider keineswegs der Fall. Der deutschöstreichische Liberalismus stellt sich mehr und mehr als die klägliche Gaukelei und Schaukelei der Impotenz heraus, als ein unsicher und furchtsam tastender, zitteriger Stremayrismus. Mir wurde ganz flau und waschläppisch zu Muthe, als ich heute das halbe Wollen und ganze Nichtsthun oder Verkehrtthun des östreichischen Ministeriums während der letzten Monate überblickte. Um mich über die Atmosphäre dieser elenden Eindrücke zu erheben, holte ich mir Schwingen bei Einem, welcher solche stets zu verleihen hat, beim Jean Paul. Las im „Titan" und fand auf's neue, daß diese Dichtung doch eine der großartigsten Schöpfungen, die jemals ersonnen wurden. An Größe der Idee meistert der Titan den Faust. Es ist darin ein Rauschen wie von den Fittigen der „geflügelten" Nemesis, von welcher der alte Hellene Mesomedes gesungen hat, daß sie, die „Untrügliche", des „Rechtes Vertheilerin" und des

„Lebens Entscheiderin" sei, welche der „Sterblichen verderblichen Uebermuth beugt". Aber freilich die Form oder vielmehr die Formlosigkeit Jean Pauls! Wie beeinträchtigt sie auch die Wirkung des Titan, welcher doch des großen Humoristen stilistisch gehaltenstes und vollendetstes Werk ist! Ich habe bei Lesung Jean Pauls immer die Empfindung, als hätte ich einen Rafael und einen Teniers vor mir, aber beide Gemälde in Streifen und Lappen von allen möglichen Gestalten zerschnitten und diese Streifen und Lappen wirr durcheinander gemischt. Da und dort blickt das seelenvollste Auge, lächelt der holdseligste Mund, winkt die anmuthigste Hand, blüht der reizendste Busen aus dem Wirrsal hervor, dicht neben verzerrten Spielergesichtern, versoffenen Bauernnasen, Küchenabfällen, strampelnden Stallmägdebeinen und geschwungenen Knütteln. Nirgends eine ganze, in sich vollendete, harmonisch-schöne Gestalt... Ich weiß nicht, wie es zuging — wahrscheinlich aber geschah es, weil man eben mit und beim Jean Paul stets aus dem hundertsten ins tausendste geräth — meine Gedanken wandten sich von den Albano, Schoppe und

Roquairol, von Liane, Linda und Idoine mit einmal
auf einen der jetzo modischsten Hypothesenschwindel,
nämlich auf die einseitig vorgetragene und über=
mäßig betonte Lehre von dem Einflusse der Nahrungs=
mittel auf die Entwickelung der Civilisation. Buckle
hat hierzu, wie noch zu mancher anderen Einseitig=
keit und Uebertreibung, den wirksamsten Anstoß
gegeben. Seine Nachbeter und Breittreter suchen
ihn nun zu überbieten und so gerathen Ethnologie
und Kulturhistorik immer tiefer in die Sucht des
Generalisirens, in die Pedantenwuth der Schablo=
nisirung hinein. Mir aber fiel ein, daß Jean Paul
bei dicken bairischen Knödeln aufgewachsen und
doch einer der elfenhaftesten Geister, Ariel und
Puck zugleich, geworden ist und daß er sein Leben=
lang dickes bairisches Bier getrunken hat und doch
bis zu seinem Tode einer der elfenhaftesten Geister
geblieben ist. Wollt doch, gute Leute und schlechte
Musikanten, nicht alles und alle über einen
Kamm scheeren! Die unendliche Mannigfaltigkeit der
Individualitäten ist ja gerade das Beste und Unter=
haltendste an der armen Menschheit.

4. August.

Die Geschichte des Krieges von 1870—71, „verfaßt von der kriegsgeschichtlichen Abtheilung des großen Generalstabes", hat zu erscheinen begonnen und las ich heute das 1. Heft mit hoher Befriedigung. Wer freilich inbetreff der Vorgeschichte des Krieges neues erwartete, wird sich getäuscht finden; denn zu dem hierüber Fest- und Klargestellten vermochten die generalstäblichen Historiker nichts hinzuzuthun. Der Vorzug des Werkes ist zunächst die Wahrhaftigkeit, welche aus jeder Zeile athmet und welche selbst die Franzosen laut anerkennen müßten und würden, falls ihre Unwissenheit, Eitelkeit und Ueberhebung sie nicht längst alles Wahrheitgefühls bar und ledig gemacht hätten. Sodann muß jeden Leser, welcher überhaupt zu lesen versteht, die Einfachheit, Bestimmtheit und Durchsichtigkeit der Darstellung, der streng thatsächliche Ton höchst wohlthuend anmuthen. Nicht der Schatten eines Schattens von Phrase. Mir klang noch das Phrasenblasengequieke in den Ohren, womit neulich von der Schützenfestbühne in Zürich herab ein Franzosennarr und Deutschenfresser,

einer der fürchterlichsten Festbummelbafelbabbeler
die französische „Republik" anschmeichelte — diese
„Republik", welche handirt, wie die schlechteste
Monarchie nicht mehr zu handiren wagen würde
— da vertrieb mir schon die Lesung der ersten
Blätter dieser Kriegsgeschichte den leidigen Nach=
hall des absurden Geschwätzes. Die Charakteristik
der französischen Armee (S. 21 fg.) könnte den
Franzosen und auch noch anderen Leuten viel
Stoff zum Nachdenken liefern. Stilistisch ange=
sehen, sind diese Zeilen in ihrer ruhigen Vornehm=
heit so meisterhaft, daß ein Thukydides sie ge=
schrieben haben könnte. Ein feiner Beisatz von
Jronie macht da und dort die Diktion noch an=
ziehender, wie z. B. in dieser Stelle: „Wie die
ganze Nation, so belebt auch den französischen
Offizier ein hohes und in vieler Beziehung gerecht=
fertigtes Selbstgefühl, aber auch eine Unterschätzung
anderer. Seine ganze Erziehung wirkt darauf hin,
ihm die Ueberzeugung beizubringen, daß Frankreich
allen anderen Ländern weit voranstehe. Wenn
der Zögling von St. Cyr die goldenen Säle von
Versailles durchschreitet, so erblickt er fast nur

Schlachtengemälde und in allen sind die Franzosen die Sieger. In langen Reihen stehen die Helden, welche die Oriflamme, das Lilienbanner, den Adler und die Trikolore, immer aber die Zeichen Frankreichs nach den Hauptstädten beinahe aller Länder getragen haben. So wird die französische Kriegsgeschichte eine Geschichte ununterbrochener Triumphe, ein Epos, in welchem Mißerfolge nur durch Nebenumstände, und wären sie noch so unbedeutend, oder durch Verrath zu erklären sind. Die Wahrheit zu suchen lohnt dicht der Mühe, sie auszusprechen wäre unpatriotisch". Genau so hat Mr. Thiers die Kriegsgeschichte des napoleonischen Frankreichs gelogen und Mr. Thiers ist, nachdem der von ihm zu einem guten Theile gemachte Napoleonismus Frankreich zu Grunde gerichtet hatte, zum Dank von seinen Landsleuten als ihr größter Mann proklamirt worden.

5. August.

„Was ist der Ruhm? Ein Regenbogenlicht!
Ein Sonnenstral, der sich in Thränen bricht!"

hat der Magyar Petöfi gesagt, ein Dichter, welchem sich das große Welträthsel oft schwer genug auf die Seele legte und in dessen Liedern der pessimistische Gedanke häufig mit der elementaren Gewalt des Naturlautes hervorbricht. Vielleicht schwebte ihm dabei namentlich der literarische Ruhm vor, der mühsäligst erworbene und am raschesten wieder verlorene. Freilich die großen Dichtergestirne, ein Dutzend etwa, die bleiben am geistigen Firmamente der Menschheit stehen, um zu leuchten, so lang auch nur noch ein Menschenauge zu ihnen aufblickt. Aber Sterne zweiter Ordnung und zwar auch solche, welche bei ihrem Aufsteigen für Sterne erster Ordnung gelten konnten, machen sich schon fünfzig Jahre nach ihrem hellsten Leuchten nur noch als blasse Nebelflecken bemerkbar; nämlich in den Literaturgeschichten. Da ist z. B. Walter Scott, ohne Frage ein wirklicher, sogar ein großer Poet. Vor 50 Jahren erfüllte sein Ruhm den Erdball und vielleicht hat nie ein Autor so viele Leser und Leserinnen zur gleichen Zeit gehabt wie er. Denn er war buchstäblich zur selben Zeit überall in Palästen und in Hütten der Hochwillkommene, Gefeierte und Geliebte. Ich habe als kleiner Junge zuerst in einer Spinnstube meines Heimatdorfes mit ihm Bekanntschaft gemacht. Da wurden zwei Winter lang die Waverley-Novellen der Reihe nach vorgelesen und ich erinnere mich noch sehr lebhaft des Entzückens, womit Jung und Alt dieser Lesung lauschte. Heute wurde ich wieder daran gemahnt, als ich in den „Memoiren eines russischen Dekabristen" ein Datum suchend auf die Stelle stieß, wo der Dekabrist (Baron Rosen) erzählt, daß er i. J. 1826 in einem Kerker der Citadelle von St. Petersburg zum erstenmale die scott'schen Romane gelesen und alles um sich her darob vergessen habe, auch das eigene Geschick, er, der auf Leben und Tod Angeklagte. „Am Abende freute ich mich auf den kommenden Morgen, um ein neues Buch von Scott vorzunehmen". Hätte der „schottische Zauberer" davon gewußt, auf diese Wirkung seines Genie's würde er gerührt=stolz gewesen sein. Und wie er hier eine

Kerkerzelle mit Licht und Trost füllte, so hat er namentlich auch, wie ich aus eigener und fremder Erfahrung bezeugen kann, um langwierige Krankenlager her die reinen Brunnen seiner Phantasie erfrischend aufsprudeln lassen. Aber jetzt? Wer lies't ihn noch? Wer redet heute noch von ihm? Nur die ältere oder ganz alte Generation bewahrt ihm ein flüchtig-dankbares Andenken. Noch eine Spanne Zeit und er wird nur noch als eine Namen-Mumie in der literarhistorischen Todtenhalle vorhanden sein, dann und wann von einem Durchwandler derselben aus Kuriosität einen Augenblick angesehen. Dann wieder eine Spanne Zeit und die Mumie wird zu anderem Namengerümpel in einen Winkel geworfen und gänzlich verschollen und vergessen sein. Sic transit gloria literaria. Und überhaupt —

„Was ist der Erde Ruhm? Ein Traum!"

---

6. August.

Die römische Malaria und die kommunistische Krätze manifestiren mehr und mehr ihre Wahlver-

wandtschaft. Sie thun so vertraut und zärtlich
mitsammen wie zwei Hetären, welche zweisam nach
Beute streichen. Arm in Arm fordern sie das
Jahrhundert in die Schranken. Auch ihr Endziel
ist dasselbe: Erst Barbarisirung und schließlich
Kretinisirung der Menschheit. Donna Malaria
will das zuwegebringen dadurch, daß sie die Ge=
sellschaft verkloſtert; Madame La Gale dadurch,
daß sie aus dem Staat eine Tagdiebe= und Dirnen=
spelunke macht. Mit dem wuthschäumenden Ge=
grunze, womit die ultramontanen Todfeinde
Deutschlands das Jesuitenaustreibungsgesetz be=
grüßten, verband sich schweſterlich das gellende
Gegeifer der ganzen pseudodemokratischen und kom=
muniſtiſchen Verrätherbande. Dies Gemenscher,
welches, wo immer es zeitweilig obenauf kam, die
wüſteſte Tyrannei geübt hat, schreit über Verletzung
der Vereinsfreiheit, weil das deutsche Reich die
Jesuiten ausſtößt. Auch die Vipern bilden be=
kanntlich Vereine, aber wer, wenn nicht ein Blöd=
sinniger, wird darum eine Viper, so er sie unter
seinem Fuße hat, nicht zertreten? Eine andere
Frage ist freilich, ob das Widerjesuitengesetz seinen

Zweck erreichen, d. h. die Vipernschaft auf deutschem Boden zertreten werde. Schwerlich! Einige Wirkung jedoch darf man sich immerhin davon versprechen, wie schon das Zorngetobe des vorhin signalisirten nobeln Schwesternpaares beweis't. Im übrigen wird wohl der Reichskanzler, der Vater des Gesetzes, sattsame Veranlassung haben, im Hinblick auf dieses sein Kind später bei sich zu sprechen:

> „Wo ist der, der sagen dürfe:
> So will ich's, so sei's gemacht!
> Unsre Thaten sind nur Würfe
> In des Zufalls blinde Nacht".

---

7. August.

Große Freude machte mir heute das in der Allgemeinen Zeitung veröffentlichte Bruchstück einer Selbstbiographie Grillparzers. Was das für ein gesunder Mensch war! Wie klarverständig, tüchtig, ehrlich, allem Schein und Schwindel abhold! Ich werde mir ein Fest nach meinem Geschmacke bereiten, indem ich seine Werke wieder genieße. So einen Genuß haben wir anderen doch voraus vor dem großen Haufen. Ich meine vor dem großen Haufen drunten und droben... Der ganze Jammer der Franz= und Metternichtigkeit tritt zu Tage in der Art und Weise, wie das damalige wiener Regiment den großen Dichter und höchst östreichisch=loyal=patriotischen Menschen Grillparzer behandelte, mißhandelte. Seine vaterländische Tragödie „König Ottokars Glück und Ende" blieb zwei volle Jahre bei der Censurbehörde liegen und der Verfasser hatte unsägliche Mühe, die verschwundene und verschollene Handschrift endlich nur wieder aufzuspüren. Später traf der Dichter mit dem Hofrath, welcher das Gedicht hätte censiren sollen, zufällig zusammen. Gemüthlich sagte der Eunuchenmacher zum Grillparzer: „Als Ihr Ottokar zwei Jahre lang liegen blieb, glaubten Sie wahrscheinlich, ein erbitterter Feind hinderte die Aufführung. Wissen Sie, wer es zurückgehalten hat? Ich, der ich, weiß Gott, Ihr Feind nicht bin". — „Aber, Herr Hofrath, was haben Sie denn an dem Stücke gefährliches gefunden?" — „Gar nichts, aber ich dachte mir: man kann doch nicht wissen!" ... So war dieses stupide „väterliche" Regiment. Dumm wie Saubohnenstroh.

8. August.

Im Juni dieses Jahres sind drüben in Amerika und im Juli hüben in Deutschland zwei Feste gefeiert worden, welche beide, obzwar aus verschiedenen Gründen, auf anständige Menschen einen höchst widerlichen Eindruck machen mußten. Die Herren Ceremonienmeister des neuen deutschen Reiches verstehen das Inscenesetzen von Festkomödien offenbar noch nicht. Oder hätten sie etwa die Enthüllung von Steins Denkmal am 9. Juli absichtlich so schlecht inscenirt? Wäre es von vornherein auf ein exklusives Hoffest abgesehen gewesen, an welchem nur „Menschen" vom Baron und Hofprofessor aufwärts sich betheiligen sollten? Das ganze Ding roch stark nach Byzanz*). Es änderte

---

*) Dieser Ruch ist überhaupt heuer, i. J. 1872, in deutschen Landen häufig aufgestiegen. In etlichen deutschen Zeitungen byzanzelte es wahrhaft mephitisch. Ich könnte Redaktoren und Korrespondenten namhaft machen, die zu Verschnittenen am Hofe des Justinian und der Theodora völlig qualifizirt wären. In der Allg. Zeitung vom 18. Juli findet sich z. B. eine Korrespondenz aus Ems, worin das Reden und Thun eines siebenjährigen Jüngelchens von preußischem Prinzen in Hamburg rührsälig beschrieben ist. Geht

auch nichts daran, daß von polizeiwegen der eigentlichen Feier noch ein "Volksfest" angeschwänzt wurde mit Singen und Springen und Tischrednern, wobei dieser und jener der wirklichen Festgäste zu herablassendem Zuschauen sich herabzulassen Gelegenheit hatte. So der steinerne Stein auf seinem Postament es gekonnt hätte, würde er wohl die Marmorstirne zornig gerunzelt haben, — er, der zwar sein Lebenlang niemals den Reichsfreiherrn vergaß, aber gar wohl sich bewußt war, daß er nicht der Mann des Hofes, sondern der Mann der Nation. Das hat Herr von Sybel in seiner Festrede, welche, weil keineswegs byzantinisch, nicht

das so fort, so wird das deutsche Publikum demnächst mit Schilderungen erfreut werden, wie dieses Prinzlein oder jenes Prinzeßlein ihre ersten Windeln zu bemalen allergnädigst geruhten. Ja, ja, ich fürchte sehr, binnen kurzem dürfte irgend ein fluchender Harfner sattsame Veranlassung haben, zu singen und zu sagen:

Im neuen deutschen Reich ist, Gott sei's geklagt,
        zur Stund'
Die öffentliche Meinung gekommen auf den Hund,
Schreibt mit Bedientenfeder, spricht mit Lakaienmund,
Und was sie spricht, ist Basel, und was sie schreibt,
        ist Schund.
        N. d. H.

recht zu der Ceremonie paßte, mit allem Freimuth
angedeutet, welchen der Nationalliberalismus über=
haupt aufzubringen vermag. Im übrigen er=
innerte — mutatis mutandis — dieses ungeschickte
Enthüllungsfest sehr an die Escamotage von Bé=
rangers Leichenbegängniß durch die verhuell'sche
Polizei Anno 1857. Am Ende aller Enden war
es aber doch nur ein deutsches Aergerniß, während
drüben in Amerika mit ungeheurem Apparat glück=
lich ein Weltärgerniß zuwegegebracht worden ist.
Da haben sie nämlich in Boston ein „internatio=
nales Friedens=Jubiläums=Musikfest" gefeiert, die
kolossalste Abgeschmacktheit des Jahrhunderts, einen
richtigen Musik=, d. h. Unmusikgräuel. Der Un=
sinn ins Große, Größte, Ungeheuerlichste getrieben!
Zwanzigtausend Sänger und Sängerinnen, ein
Orchester von zweitausend Mann, hundert Amboß=
hämmerer, verschiedene Dampforgeln, alle Glocken der
Stadt, hundert Kanonen — das alles schrie, ra=
saunte, klopfte, brummte, bimbambummelte, brüllte,
wetterte, wüthete mitsammen im urjanitscharischen
Chorus. Ein schauderhafter Yankee=Doodle! Und
dieses Brutalisiren menschlicher Nerven, dieses an

der heiligen Cäcilia verübte stuprum violentum nennen die Barbaren ein „Jubiläums=Musikfest." Wie schäm' ich mich für meine Zeitgenossen!

9. August.

Wenn man das stupid=schadenfrohe Feixen und Grinsen beachtet, womit die Stimmführer unserer Lumpagogie innerhalb und außerhalb Deutschlands jede Wolke und jedes Wölkchen begrüßen, welches am Horizont des neuen Reiches bedrohlich aufsteigt oder aufzusteigen scheint, wenn man sieht, wie es diesen Elenden schon in den Füßen juckt, Hand in Hand mit Franzosen und Jesuiten auf den ersehnten und gewünschten Trümmern des Vater=landes die Höllentriumphkarmagnole des Verraths zu tanzen: so überschleicht Einen nicht das Gefühl der Furcht, wohl aber das Gefühl unsäglichen Ekels. Selbst solche Wolkenbrüche von Haß und Verachtung, wie sie Shakespeare's Timon auf die menschliche Verkehrtheit und Verderbtheit herab=schüttet, erscheinen unzureichend, eine derartige Nichtswürdigkeit und Verworfenheit zu züchtigen.

Allein der Ekel darf uns doch nicht abhalten, die Gefahren, welche durch das lumpagogische Gebaren signalisirt werden, ins Auge zu fassen und im Auge zu behalten. Denn thöricht ja wäre es, das Vorhandensein von bräuenden Wolken leugnen zu wollen. Es sind ihrer genug da, dichte, schwarze. Wenn jedoch unser Volk gesundmenschenverständig bleibt, wenn seine Leiter fest und besonnen sind, so wird das drohende Gewitter ungefährlich als das verlaufen, was die Schweizer einen „Windbloscht" nennen. Wir wissen ja, was unsere Feinde wollen; die schwarzen, die rothen und die blauweißrothen. Nach dem täglich erwarteten Hingange des aus der Schule schwatzenden Pio Nono soll ein neuer, ein thatkräftigerer Jesuitenpapst fabrizirt werden, welcher die mittelalterliche Bannblitz- und Interdiktsdonnermaschine mit moderner Dampfkraft gegen das deutsche Reich in Bewegung setzen wird. Etwa von Frankreich aus, dessen „republikanische" Regierung — ob vom Monsieur Thiers oder vom Citoyen Gambetta geführt, einerlei! — ja augenscheinlich mit dem Jesuitismus eine schöne Seele ist. Man wird den neuen

Papst dorthin schaffen, um diese schöne Einseeligkeit feierlich vor der katholischen Christenheit zu proklamiren und zugleich den deutschen Katholiken „unfehlbar" zu gebieten, in den Franzosen ihre wahren Brüder zu sehen, mit welchen sie sich zur Vernichtung des „ketzerischen" Reiches verbinden müßten. Den Boden für dieses Bündniß sollen in deutschen Landen die Herren vom Reichstagscentrum, die deutschen Bischöfe und all das widernationale Geziefer legen und vorbereiten, welches in der ultramontanen Presse krabbelt, in Bauern- und Gesellenvereinen wühlt und in Beichtstühlen Gänse mit Dogmen stopft. Als auf den Dritten in ihrem Bunde rechnen Gallier- und Pfaffenthum auf den Partikularismus von der Firma Von der Pfordten, Dalwigk und Komp., welchen man mit welfischem Gelde gehörig aufzunudeln hofft. Der vierte Alliirte soll Lumpazia Kommunisterei sein, die liebe Pöbelbrühe, zu welcher alles, was in Deutschland von Arbeitscheuheit, Lüderlichkeit, Halbwisserei, verletzter Eitelkeit, Rollenspielsucht und Affenbosheit vorhanden ist, zusammenrinnen wird. Leute, welche nicht weiter sehen, als ihre Nasen-

spitze reicht, werden freilich diesen Höllenbreughel von
deutschfeindlicher Allianz für nur in einer schwarz=
seherischen Phantasie vorhanden erklären. Aber
wer Augen hat, zu sehen, und Ohren, zu hören,
muß wissen, daß an der Herstellung und Voll=
endung dieses thatsächlichen Höllenbreughels eifrigst
gearbeitet wird. Zeit freilich kostet die Arbeit und
sie läßt sich lange nicht so schnell verrichten, wie
die Herren Deutschenfresser und die Damen Deutschen=
fresserinnen wünschen; aber gethan wird sie, rast=
los, vieltausendhändig, in Palästen und Hütten,
Kabinetten und Sakristeien, Salons und Schlaf=
zimmern, Kontoren und Werkstätten . . . Die
Meinung, es liege in der neulich von den Fran=
zosen kontrahirten kolossalen Anleihe eine starke
Friedensgarantie, weil ja das gesammte europäische
Kapital an dieser Anleihe sich betheiligte, erscheint
mir unannehmbar. Das Kapital hat noch niemals
einen Krieg verhindert und nur notorische Narren
könnten glauben, die Franzosen würden sich durch
die Rücksicht auf ihre europäischen Gläubiger ab=
halten lassen, auf „vengeance" zu sinnen und das
Revanche=Spiel anzuheben. Seitdem sie entschieden

verschmäht haben, die arge alte gallische Krankheit, welche in den Jahren 1870—71 so gräßlich=häßlich zum Vorschein gekommen, gründlich und rationell zu kuriren, d. h. mittels einer eisern=moralischen Diät und innerlicher Regenerationsmedikamente, seitdem ist es klar, daß sie ihren eingebildeten „Vorrang in Europa" durch Anwendung eines äußerlichen Kraftmittels, d. h. durch einen ver= zweifelten Krieg wieder zu erlangen hoffen und suchen. Sie werden, falls sie nicht inzwischen bürgerkriegerisch einander selber in die Haare ge= rathen, diesen Revanchekrieg anheben, sobald sie können, d. h. sobald sie wieder eine Armee haben, der vorhin bezeichneten Bundesgenossen sicher zu sein glauben dürfen und die auf französischem Boden zu konstruirende unfehlbare Bannstralen= dampfspritze in Thätigkeit gesetzt sein wird. Das deutsche Reich seinerseits muß und wird diese Eventualität unausgesetzt im Auge halten. Es bereitet sich am besten darauf vor dadurch, daß es die Bahn gesetzmäßigen Vorschritts, die es betreten hat, unentweglich einhält, jede Regung inneren Verraths mit eiserner Faust zerdrückt, die begrün=

deten Beschwerden der handarbeitenden Klassen gegenüber den Anmaßungen des baronisirten Geldsacks anerkennt und nach Möglichkeit erledigt; ferner dadurch, daß es aufrichtig und thatsächlich darthut, Deutschland sei nicht um Preußens, sondern Preußen um Deutschlands willen da, und daß es endlich mit Oestreich und Italien Freundschaft hält. Große Gefahr läge in einer Unterschätzung der Gegner. Auch der Franzosen im Besonderen. Frankreich ist ohne Frage ein sehr reiches Land und es hat nach der furchtbaren Katastrophe von Sedan bewiesen, über was für außerordentliche Hilfsmittel es gebiete. Was es damals aufbrachte, war ohne Frage großartig, obzwar die Verwendung nur eine Verschwendung gewesen ist. Ebenso fordert die beispiellose Leichtigkeit, womit Frankreich binnen zwei Jahren seine Fünfmilliardenschuld zu machen vermochte, uns zum Nachdenken auf. Summa: wir müssen uns darauf gefaßt machen, daß Frankreich jeden Nerv anstrengen wird, um die von mir angedeuteten Voraussetzungen der Möglichkeit eines Rachekrieges zu schaffen, und daß es nach gegebener Möglichkeit alle Muskeln bis zum Bersten anspannen wird, um diesen Krieg zu einer Sein- oder Nichtseinsfrage zwischen der gallischen und der deutschen Nation, zwischen Romanismus und Germanenthum zu machen. Darum—

„Adler Deutschlands, blitzäugiger, kreise wachsam,
Schärfe die Klau'n dir!"

---

10. August.

Göthe hat mit seinem bekannten „Urwort" von der Lumpenbescheidenheit viel Unheil angerichtet. Seither nämlich glaubt ja jeder Lump unbescheiden sein zu dürfen, zu müssen. Vor allen merkten sich die Herren Romantiker den göthe'schen Spruch und zogen daraus keckisch die Schlußfolgerung, daß man bloß recht unverschämt aufzutreten brauchte, um etwas vorzustellen in der Welt. Sie hatten sich zwar nie und nirgends einer rechten „That" zu freuen*), aber mittels gränzenloser Unverschämtheit brachten sie es glücklich zuwege, einem lieben Langohr von Publikum einzubilden, ihre Impotenz

---

*) „Nur die Lumpe sind bescheiden,
 Brave freuen sich der That."   Göthe.

R. d. H.

sei latente Genialität. Der von ihnen in die
Literatur eingeführte Ton frechabsprechender Ohn=
macht lümmelt noch immer fort, und wenn es
nicht so niederschlagend wäre, würde es ergötzlich
sein, zu sehen, wie Gesellen, welche die Natur zu
Schuster= und Schneidergesellen — zu schlechten
nämlich — bestimmte, sich kritikaferlafisch in die
Brust werfen und, ohne selber jemals etwas ge=
leistet zu haben, Lobhudelungs= oder Verdammungs=
verdikte von sich geben, wie es ihrer Unwissenheit
oder ihrem Klikeninteresse gerade beliebt. Schlimmer
und gefährlicher jedoch als dieses Schmeißfliegen=
gesumme ist es, wenn das Verkehrte, das Unwahre
und Ungerechte, wenn die Ueber= oder Unterschätzung
in der Literatur vertreten wird durch Männer,
welche viel, sogar sehr viel gelernt und geleistet
haben und denen mit Fug und Recht eine große
Autorität zuerkannt wird. Da ist z. B. Gervinus,
welchen den Besten unserer Zeit beizuzählen kein
Wissender anstehen kann. Und doch darf man, so
man aufrichtig sein will, nicht verschweigen, daß
dieser, was Wollen und Streben anlangte, vor=
treffliche Mann sein Lebtag als Politiker wie als

Aesthetiker in Katheberbünkelheim herumbuselte und als Historiker aus der Geschichte für seine Person ebensowenig gelernt hatte, wie vor ihm Niebuhr, welcher die Julirevolution von 1830 für gleichbedeutend mit dem Weltuntergange hielt. Nur daraus erklärt es sich, wie Gervinus zuletzt der politischen Gehirnerweichung soweit verfallen konnte, daß er vor Jammer vergehen wollte, weil das Jahr 1866 ein bißchen aufgeräumt hat unter den deutschen Fürstlichkeiten. Man darf sich fürwahr nicht verwundern, daß selbst der dummste Spießbürger sich berechtigt glaubt, über „Professoren-Politik" die Achseln zu zucken, wenn einer der Haupt- und Erzreichsprofessoren von 1848 schließlich dahin gelangte, nach Art jenes darmhessischen Bäuerleins vom März 1848 („Die Republik wollen wir, aber unsern Großherzog wollen wir auch!") um den frommen Georg von Hannover und den Fußtrittespender von Kurhessen zu weinen und zu dekretiren: Die Einheit wollen wir, aber den Partikularismus wollen wir auch! Des berühmten Literarhistorikers ästhetische Anschauung war im Grund eine ganz philisterne. Wie unzu-

länglich sind oft seine Urtheile über unsere ersten
Kulturhelden und ihre Vollbringungen! Wie selten
trifft er den Kern der Sache, auf welchen er mit
kenntnißreichster historischer Um- und Vorsicht los-
zielt, um dann daran vorbeizuschießen. Fürchterlich wird aber bekanntlich der Philister, wenn er
sich für etwas so recht begeistert, fanatisirt. Gervinus hat sich für Shakespeare fanatisirt und was
für ein unerquickliches Schablonen- und Schachtel-
werk, was für ein alles Wortaufwandes von En-
komiastik ungeachtet innerlich kaltes und lebloses
Buch hat er geliefert! Die „Shakespeare-Studien
eines Realisten" haben diese pedantische Shakespeare-
Idealisirung hoffentlich aus dem Felde geschlagen
und Rümelin darf sich seines geist- und verständniß-
vollen Büchleins als einer braven „That" freuen.
Er hat gegenüber der gervinus'schen Ueberstiegen-
heit und Einseitigkeit die Größe Shakespeare's,
ohne derselben irgendwie oder irgendwo zu nahe
zu treten, auf ihr richtiges Maß zurückgeführt
und den Dank seiner Landsleute auch noch dadurch
verdient, daß er der von Gervinus und dessen
Nachschwätzern proklamirten absoluten Einzigkeit

des großen Briten entgegen ebenso feinsinnig als entschieden das gute Recht Göthe's und Schillers vertrat.... Wie jedermann weiß, hat Gervinus auch die Mode aufgebracht, alles, was nach der Periode unserer Klassik in Deutschland noch dichterisch geschaffen worden, kurzweg zu verdammen oder zu ignoriren. Mit vornehmem Achselzucken ließ er etwa noch die romantische Schule passiren. Dann aber machte er einen dicken literarhistoriographischen Strich und sagte: „Bis hierher und nicht weiter! Fürohin darf nicht mehr, kann nicht mehr gedichtet werden! Sic volo, sic jubeo. Ihr Deutschen sollt fortan nicht mehr Literatur, sondern nur noch Politik machen, verstanden!" Dieser lächerliche Befehlswink mit dem Schulmeistersbakel fand großen Beifall in ganz Impotentia und eine Menge von kritikasterlichen Schulmeisterlein schwang alsbald nach derselben Richtung hin ihre Bakulula. Die Thoren! Millionen von Menschen gehen durch das Leben, ohne sich um den Staat weiter zu kümmern, als sie schlechterdings müssen. Als ob kein schöneres Dasein denkbar wäre als das in einer Staatszwangskaserne! Als ob es nicht sehr begreiflich, daß reinliche, zartorganisirte, tiefsinnige und feinfühlige Naturen sich mit immer größerem Ekel von der politischen Arena wegwenden, wo man keinen Augenblick mehr vor den Hufschlägen übermüthiger schwarzer Esel sicher ist und wo Einem auf Schritt und Tritt räubige rothe Hunde an die Beine fahren. Der Staat ist nur eine der Formen, in welchen die Idee der Menschheit sich verwirklichen kann, und alles auf den Staat beziehen wollen heißt als höchstes Ziel sozialer Entwickelung die spartanische Barbarei fordern. Solche eintönige Rohheit müßte alle Menschen-Menschen zur Verzweiflung treiben; nur die Menschen-Bestien könnten einen derartigen Zustand ertragen und aushalten. Seine Buntheit, seine Wetterwendischkeit, seine Höhen und Tiefen, seine Inkonsequenzen, seine Gegensätze und Widersprüche sind es, welche das Leben erträglich machen. Und diesen unendlichen Wirrwarr, diese gränzenlose Vielgestaltigkeit des Daseins soll die Dichtung auffassen und nachschaffen, sie, die holde Trösterin, welche allen Gervinis, Gervinioribus und Gervinissimis zum Possen erst mit dem letzten Menschen, sei es lachend sei es weinend, zum veröbeten Erdenhause hinausziehen wird. Sie hat sich auch in Deutschland an die Interdikte der Pedanten nicht gekehrt und eben nur Pedanten können behaupten, sie hätte besser gethan, zu schweigen als zu reden. Gegenüber diesem Geträtsche der Impotenz, welche vor Neid bersten möchte, wenn sie andere thun sieht, was sie selber nicht kann, hat insbesondere Rudolf Gottschall mittels seines Buches „Die deutsche Nationalliteratur des 19. Jahrhunderts" in löblicher Weise den Beweis geführt, daß, was die Deutschen im letzten Halbjahrhundert literarisch geschaffen, recht wohl sich sehen lassen darf neben, ja über den sämmtlichen gleichzeitigen Hervorbringungen irgendeiner der europäischen Literaturen. Es zeugt in der That entweder von verbohrter Grillenhaftigkeit oder aber von krasser Ignoranz, wenn von einem Rückgange der deutschen Literatur in unserem Jahrhundert geredet werden will. Das Gegentheil ist der Fall: nicht etwa nur in den Natur- und Geschichtewissenschaften, nicht nur in der historischen Kunst, sondern auch in der Lyrik und in der Epik ein ganz entschiedener Vorschritt zum Reicheren und Vielgestaltigeren. Und wo wäre denn in diesem 19. Jahrhundert ein dramatischer Dichter aufgestanden, welcher den großen Tragöden der Weltliteratur so nahe stände wie unser Grillparzer? Wo wäre auf der modernen Bühne eine anmuthigere tragische Gestalt erschienen als die Hero dieses Dichters und wo eine großartigere als seine Medea? Darf die deutsche Muse nicht stolz sein auf eine epische Figur wie der Hofschulze Immermanns? Sind die Gebilde von Uhlands Balladen- und Romanzenmeisterschaft nicht allen empfänglichen Gemüthern vertraut und lieb geworden? Hat die lyrische Universalität Rückerts irgendwo ihres Gleichen und wurden jemals herzbewegendere Weisen laut als in den Liedern Eichendorffs und Kerners, Lenau's und Heine's? Hat uns der letztgenannte nicht zudem eine Poesie des Witzes gegeben, wie so farbenschimmernd keine zweite Literatur sie besitzt? Hat uns die Gedankenlyrik Platens und Grüns nicht einen Schatz von hohen Gedanken und neuen Bildern zugeführt? Ist unser ästhetischer Gesichtskreis durch die ethnographischen Dichtungen Freilig-

raths und Seaisfield-Postels nicht erfreulich er-
weitert worden? Hat nicht unsere neuere und
neueste Epik — ich habe namentlich Mosens „Ahas-
ver", dann Hebbels „Mutter und Kind", worin
sich dieser Dichter von seiner sonstigen Hohlspiegelei
glücklich fernhält, weiter viele Partieen in Fröh-
lichs „Zwingli", in Heyse's „Thekla", in Linggs
„Völkerwanderung", in Jordans „Nibelungen", in
Meißners „Ziska" und in Hamerlings „König von
Zion", endlich den „Carlo Zeno" von Gottschall
und den „Euphorion" von Gregorovius im Auge
— ja, hat nicht unsere neuere und neueste Epik
Leistungen aufzuzeigen, welche über alles, was
unsere Klassik und Romantik Episches geschaffen
— Göthe's Idyll-Epos natürlich immer ausgenommen — weit hinwegragen? Man weise uns doch
in der zeitgenössischen Literatur Englands, Frankreichs und Italiens u. s. w. ein Dichterwerk, welches an geräuschlos-mächtiger Wirksamkeit der Hu-
manitätsbotschaft von Schefers „Laienbrevier" gleich-
käme, oder einen Dichter, welcher an Melodie den
Geibel und an schalkhafter Grazie den Mörike
überträfe. Und auch daran muß noch erinnert

werden, daß wir jetzt in Annette von Droste-Hülshof eine Dichterin besitzen, an deren Eigenwuchs keine fremde hinanreicht. Nie und nirgends hat bislang ein Weib in Versen so originell, markig und farbenkühn geschrieben wie diese Westphalin.... Vor mir liegt ein stattlicher Band, betitelt: „Fünfzig Jahre deutscher Dichtung (1820 bis 1870)", mit biographisch-kritischen Einleitungen herausgegeben von Adolf Stern (Leipzig 1871). Der Herausgeber verdient etlichen sanften Tadel, weil er zwischen wirklichen Dichtern und bloßen Versifexen nicht immer streng genug unterschieden und der lieben Mittelmäßigkeit allzu viel Platz eingeräumt hat. Er verdient aber auch lautes Lob, weil er mit kundiger und fleißiger Hand das Wollen und Vollbringen deutscher Dichtung im letztverflossenen Halbjahrhundert zu bequemer Uebersicht zusammenstellte. Das ist ein Buch, ganz gemacht, ein deutsches Herz zu erfreuen. Welche Fülle von Schönheit quillt Einem daraus entgegen! Welche achtungswerthe Summe von Errungenschaften in allem, was zu dem Eigensten und Besten unseres Volkes gehört! Den Raum, welcher in dem Buche überflüssigen Verslern gestattet ist, hätte ich lieber der schönen Prosa gegeben gesehen. Denn zu einem Gesammtbilde der Dichtung unserer Zeit gehört ganz naturnothwendig auch die Novellistik im weitesten Sinne des Wortes. Und auch auf diesem Felde poetischen Schaffens haben die Deutschen in den letzten Decennien Bedeutendes erstrebt und Achtungswerthes vollbracht. Gutzkows zwei große Zeitromane z. B. sind bleibende Werke trotz alledem und Scheffels „Ekkehard" hat dem historischen Roman neue Bahnen gewiesen Mit der gliederkrämpfigen Novellistik eines Otto Ludwig freilich konnte kein gesunder Sinn sich befreunden und wie manchen anderen schrullenhaften Ueberschätzungen ist insbesondere auch der des guten Adalbert Stifter entgegenzutreten. Der Mann war denn doch nur ein Landschafter in Worten, ja eigentlich nur ein Gras=, Blumen= und Bäumemaler. Das Höchste, was er geleistet, sind Schilderungen, wie ein Hochwald im Sommersonnenbrande zittert oder wie eine Winterlandschaft unter dem Wehen des Föhns plötzlich aufthaut. Aber auch in solchen Gemälden verrinnen häufig

Zeichnung und Farbengebung unaufhaltsam in die Breite beiläufigen Details. Man hat das Stichwort ausgegeben, Stifter sei groß in der Kleinmalerei. Wohl! Würde nur die Kleinmalerei bei ihm nicht gar so oft zum Kleinlichkeitengepinsel! Menschen hat er gar nicht zu dichten vermocht, nämlich Menschen von Fleisch und Blut und Knochen. Stifters Menschen sind nur Gobelinstapetenfiguren. Diese Schemen zeigen uns recht deutlich, was dabei herauskommt, wenn Einer sich's in den Kopf setzt, nur für die sogenannte „gute" oder „vornehme" Gesellschaft schreiben zu wollen und jeden Satz, bevor er ihn niederschreibt, durch die Rücksichtenretorte: „Was werden Excellenz oder gnädige Frau dazu sagen?" hindurchgehen zu lassen. Die Ohnmacht Stifters kam zu Tage, sowie er von „Studien", in welchen sich seine Eigenart am liebenswürdigsten zu geben vermochte zu wirklichen Kompositionen vorschreiten wollte. Sein „Hochsommer" und sein „Witiko" sind wahre Monstra von Dekomposition, vorsintflutliche Riesenbandwürmer von Langweiligkeit. Und da will man uns noch überreden, was Wunder für heimliche

Poesie so ein Bandwurm im Leibe habe. Wer
wie ich gewissenhafter Narr sich rühmen kann,
diese Bücher ganz, wirklich ganz von A bis Z
gelesen zu haben, gehört zu den geduldigsten
Menschen aller Zeiten und braucht kein Fegfeuer
mehr zu fürchten. Sein Landsmann Emil Kuh
hat uns neulich Stifters literarische Laufbahn
geistvoll anschaulich gezeichnet („Zwei österreichische
Dichter", 1872) und ich will nicht mit ihm rechten,
wenn seine Pietät dann und wann mit seiner
Kritik durchgegangen ist. Das aber kann ich nicht
verschweigen, daß er meines Erachtens übelgethan
hat, seiner lehrreichen Abhandlung, die ja doch
wohl ihrem Gegenstande neue Leser und Verehrer
werben soll, das photographische Bild Stifters
vorheften zu lassen. Es steht nämlich entschieden
zu befürchten, daß dieses Bild mehr Leute ab=
schrecken als anziehen wird. So schauderhaft un=
poetisch hat noch gar kein Poet ausgesehen. Als
ich das Porträt zum erstenmal ansah, guckte mir
ein Bekannter über die Schulter und schrie stupi=
fizirt: „Herrgott, das ist ja das Urbild des Phi=
listers!"

11. August.

Im Gegensatze zu dem hellenischen Neptunisten Pindar hat im „Havamal" der Edda ein altgermanischer Vulkanist den Ausspruch gethan:

„Feuer ist das Beste
Dem Erdgebornen —"

und ich entsann mich des Wortes, als ich heute über die Anfänge des ungeheuren Passionsspiels „Geschichte der Menschheit" nachdachte. Denn erst mit der Findung des Feuers hat eigentlich die Entbestialisirung unseres Geschlechtes angehoben. Zur Stunde, wo der Mensch das Licht und Wärme spendende Element zum erstenmal in seinen Dienst zu nehmen und zu gebrauchen lernte, begann das, was wir Civilisation nennen. Es war ein feierlicher, ein erhabener Moment. Die dunkle Erinnerung daran findet sich bekanntlich überall in den alten mythischen Dichtungen. Nirgends aber ist „die Zeugung und Geburt des Feuers" so toll phantastisch dargestellt wie in der also benamseten finnischen Rune. Uraltest=Naturreligiös=Heidnisches ist da so wunderlichst mit der christlichen Mytho=

logie zusammengerührt, daß die „Maid Maria,
die kleine, milde, barmherzige Mutter", als Aerztin
angerufen wird, um die Brandwunden zu heilen,
welche das einer sehr verwickelten Zeugungs- und
Geburtsprozedur entsprungene Feuer den mit seinen
Eigenschaften noch unbekannten Menschen geschlagen
hat. Ich wüßte nicht, daß das Verblüffend-Dä=
monische, welches die erste Erscheinung des Feuers
für das Menschenthier oder den Thiermenschen
haben mußte, irgendwo sonst so naiv geschildert
wäre wie in dieser Rune. Im indischen „Rigveda"
geht die Erzeugung des Feuers viel begreiflicher,
rationeller vor sich, so zu sagen ganz mechanisch.
Es ist dort anschaulich beschrieben, wie der Mensch
mittels der beiden Reibhölzer, welche Lingam und
Yoni vorstellen, den Gott Agni (Feuer) schafft, um
ihn sofort anzubeten. Der christliche Priester
schafft seinen Gott mittels etlicher Weiheworte,
um ihn sofort zu verspeisen. Diese christliche
Konsekration und Kommunion erinnert auffallend
an den Göttertrank (Soma, Amrita), welchen die
alten Arier am Indus bereiteten und genossen.
Es ist immer die alte und ewigjunge Geschichte.

Der Mensch will, muß Götter haben. Hat er keine, macht er sich welche.

---

12. August.

Wir haben doch einzelne schöne Stunden in diesem einzigen Zwischenseen genossen. Ein Frühmorgen bei der Thurmruine von Golzwyl mit dem Ausblick über den brienzer See nach dem Haslithal hinauf, eine Mittagsträumerei in Bönigen, ein Sonnenuntergang bei Unspunnen, wohin wir vor dem unerträglichen Ah= und Ohgeschnatter auf der leutewimmelnden Heimwehfluh geflüchtet waren — alles prächtig, zu den schöneren und schönsten Augenblicken im Leben zu rechnen, wahre Silberblicke des Daseins. Wirkliche Bergfahrten hat der ewige Wischnu, der Feuchtgliedrige, Träufelnde, Triefende, Gießende, Schüttende, verhindert. Auch ist, offen gestanden, das Reisen in der Schweiz mehr und mehr unangenehm geworden, weil man auf Schritt und Tritt über Leute stolpert und gar nirgends mehr, aber auch gar nirgends mehr für sich und allein sein kann. Nicht einmal mehr in wirklichen Gletscheröden, wie ich in den letztvergangenen Sommern sattsam erfahren habe. Item, es reisen jetzt doch auch gar zu viele mehr oder weniger gebildete Hausknechte und gar zu viele mehr oder weniger unzweideutige Damen, so daß die Gesellschaft, auf welche man ja überall stößt, einen — einen — nun ja, einen recht internationalen Geschmack hat und wie kosmopolitischer Schund riecht. Wir sehnen uns aus dem hiesigen Gewühle recht sehr nach der heimeligen Stille unseres „Berges", allwo für uns ein Zimmer endlich freigeworden.

―――

13. August.

Heute sind gerade 23 Jahre herum, seitdem ich Deutschland unfreiwillig verlassen habe, um nicht ein nutzloses Opfer ungerechter, stupider Verfolgung zu werden. Ich habe seit jenem tieftraurigen Augusttag mein Vaterland nicht wiedergesehen und schwerlich wird es mein Fuß noch einmal betreten, aber ich habe es treu im Herzen getragen bei Tag und Nacht und habe es lieber gewonnen

von Jahr zu Jahr. Auch auf dieser Sommer=
wanderung wieder. Denn ich bin in den letzten
Tagen mit Deutschen der verschiedensten Altersstufen
und Lebensstellungen, auch mit Offizieren, zu=
sammengetroffen und habe durchweg eine Wahr=
nehmung gemacht, die mich wiederum so recht stolz
und freudig fühlen ließ, daß ich ein Deutscher.
Was mich also wohlthuend berührte, war die Ab=
wesenheit aller Renommisterei bei meinen Lands=
leuten. Sie treten allerdings seit 1870 sichtbar
fester auf als früher, aber ich habe unter meinen
neuen Bekannten — worunter doch junge Männer
von 20—24 Jahren, welche ehrenvoll den großen
Feldzug mitgemacht — nicht einen einzigen ge=
funden, welcher das Zeug zum Chauvinisten oder
Darabiridatumbarides gehabt hätte. Was vollends
die deutschen Mädchen und Frauen angeht, welche
mir in diesen Tagen näher getreten sind, so kann
ich nur sagen, der alte Walther von der Vogel=
weide hat noch heute recht: —

„Sem mir got, so swüere ich wol daz hie biu wip
Bezzer sint danne ander vrouwen".

---

14. August.

Wer wie ich am 11. August d. J. aus dem Oberlande bernwärts fuhr, konnte, bevor der Zug von Thun abging, in einem der Wagen das brutale Gebaren eines offenbar der „oberen Zehntausend" angehörenden Engländers bestaunen. Allerdings sind, wie jeder die Schweiz Bereisende weiß, englische Lümmeleien keine Seltenheiten, sondern häufige Vorkommnisse; allein die in Rede stehende durfte sich ungescheut für ein Unikum ausgeben. Ohne einen Schatten von Grund behelligte und beleidigte das fuchsbärtige Exemplar von „stolzem Briten" aus der Tiefe des Bewußtseins seines Bullismus heraus einen deutschen Reisenden, welcher zu meiner Freude sich begnügte, sein gutes Recht fest zu wahren und im übrigen den Lümmel ruhig und kühl, aber entschieden abfahren zu lassen.

Möchte sich, dachte und wünschte ich, Deutschland allzeit so gegen England stellen, dessen tückische Feindseligkeit unserem Lande früher oder später Gefahren bereiten wird. Sich bei Zeiten mit diesem Gedanken vertraut zu machen und das Nöthige vorzukehren, könnte nichts schaden. Denn daß das politische, industrielle und kommercielle Aufstreben Deutschlands ein schmerzender Splitter nicht nur, sondern ein schwerdräuender Balken im Scheelauge Britannia's sein muß, ist eine Thatsache, welche nur Blinde nicht sehen. Legt doch bei jeder passenden oder unpassenden Gelegenheit die englische Presse davon Zeugniß ab. So neulich wieder bei Besprechung der Zustände und der bevorstehenden Option in Elsaß=Lothringen. Fast sämmtliche Blätter ergingen sich da in einem ebenso giftigen als ohnmächtigen Gegeifer gegen das deutsche Reich, so daß man versucht war, im Hinblick auf den faktischen Rückgang der englischen Macht den Herren Engländern mit Grillparzer zuzurufen:

<blockquote>
„Klebt man gar zu sehr am Alten,
Wird's zuletzt doch morsch und faul;
Von eurer Größe habt ihr nichts behalten
Als euer großes Maul".
</blockquote>

Die englische Politik ist rein nur eine Politik des englischen Interesse's und dagegen ist an und für sich gar nichts einzuwenden. Wirkliche Politik — im Gegensatze zur traumhaften — war und ist und bleibt Interessenpolitik. Unser Land hatte es schwer genug zu büssen, daß seine Fürsten und

Staatsmänner diese Wahrheit nicht früher erkannt und beherzigt haben. Aber das muß der in ekelhafte Scheinheiligkeit eingemachten englischen Selbstsucht gegenüber fortan mit Entschiedenheit klargestellt, behauptet und durchgeführt werden: Unser eigenes Interesse steht uns am höchsten und wir kümmern uns keinen Fart weder um eure geheuchelten Sympathiebezeugungen noch um eure aufrichtigen Haßworte. Wir wissen, wie wir mit euch daran sind, und wir hoffen, daß binnen nicht allzu langer Frist ein Tag kommen werde, wo wir die alte zwischen uns hängende Rechnung gründlich zu bereinigen vermögen, wie wir die alte französische Rechnung endlich gründlich bereinigt haben. Ihr lacht? Nun wohl, die Franzosen lachten auch, wollten sich vor übermüthig-spöttischem Lachen geradezu ausschütten, wenn ihnen schon vor Jahren dann und wann ein deutscher Patriot prophezeite, daß der Tag der großen Abrechnung kommen würde.

Uebrigens ist das dünkelhafte Großmaulthum, welches die englische Presse Deutschland gegenüber aufreißt, auch nur ein Ausfluß des englischen

Grundwesens, d. h. der Heuchelei, wie sie von natur- und rechtswegen einem Lande eignet, welches den ungeheuerlichsten Humbug der Weltgeschichte, den Konstitutionalismus, erfunden oder wenigstens großgezogen hat. Ja, erheuchelt ist der Uebermuth, womit England auf Deutschland blickt, und hinter den großbrockigen Phrasen der englischen Presse versteckt sich nur schlecht das Angstbewußtsein, daß in demselben Verhältniß, in welchem Deutschlands Aufsteigen vorschreitet, das Sinken Englands weitergeht. Weitergeht! Denn daß dieses Sinken längst begonnen hat, untersteht gar keiner Frage. Was ist denn aus der ehemals ersten der fünf Großmächte geworden? Ein fünftes Wagenrad. Als dieses wurde England zum erstenmal so recht kläglich offenbar, als es dem Sohne der Hortense bemüthig die Schleppe seines ergaunerten Kaisermantels nachtrug. Jedem redlichen Gemüthe mußte es Freude machen, daß diese schmachvolle Demüthigung des „stolzen Albion" sich vollzog unter den Auspicien des „großen" Palmerston, eines der ärgsten, gewissenlosesten Charlatane, welche jemals mit dem Konstitutionalismus taschen-

gespielert haben. Während des Krimkrieges wie
während der indischen Rebellion hing England
ganz von der Gnade Napoleons III. ab. Das
war die beißendste Rache, welche des vorgeblichen
Onkels angeblicher Neffe an der englischen Oli=
garchie nehmen konnte. Ein Heuchler jeder Zoll,
hat damals John Bull, während er die Fußtritte
der napoleonischen Ueberlegenheit bitterlichst em=
pfand, dem trotz alledem tödtlich verhaßten „Mon=
sieur Crapaud", wie er die Franzosen von alters=
her kollektivisch zu nennen pflegt, süßlich zugelächelt
und damit die unterste Stufe der Erniedrigung
glücklich erreicht.

Man sagt, das englische Staatswesen sei der=
malen in einer Umbildung von der aristokratisch=
oligarchischen zur demokratischen Praxis begriffen.
Mag sein, obzwar der sklavische Respekt, welchen
bis zur Stunde die Engländer vor jedem Ochsen
von Lord und vor jeder Gans von Lady haben,
diesen Umbildungsprozeß als noch nicht sehr weit
vorgeschritten erscheinen läßt. Aber ist die englische
Gesellschaft gesund genug, diese Prozedur auszu=
halten? Schwerlich. Wir wollen hier den fressenden

Krebs Englands, welcher Irland heißt, nicht einmal berühren, obschon uns derselbe eine gute Veranlassung böte, die Engländer, welche neulich so viele Krokodilsthränen über „das von den brutalen Deutschen tyrannisirte" Elsaß-Lothringen weinten, zu fragen: Warum laßt denn ihr die von euch in Wahrheit und Wirklichkeit seit Jahrhunderten tyrannisirten Irländer nicht „optiren"? Antwort: Weil ihr, schnöde Pharisäer, die ihr seid, gar wohl wißt, daß die Irländer nicht sich selbst, wohl aber euch zum Lande hinausoptiren würden.... Dies, wie gesagt, nur nebenbei. Ist doch auch anderwärts und an noch gefährlicheren Stellen gar vieles faul im britischen Staate. Die inneren Organe kränkeln und dieses Siechthum treibt Symptome der widerlichsten Natur an die Oberfläche. So z. B. die mehr und mehr zur Burleske werdende Vergemeinerung des Parlamentarismus, welche unwidersprechlich schon daraus erhellt, daß eine so hohle, gedunsene Schwatzblase, wie Herr Gladstone eine ist, in dieser Posse das leitende Wort haben und so lange behalten kann. Der steinherzige und bronzestirnige, mit christlicher

Gleißnerei umwickelte Money=Makingskult, welchem England seit einem halben Jahrhundert mit Fanatismus huldigte, hat seine Produktionskraft in den höchsten Regionen der Intelligenz so ziemlich auf Null reduzirt. Von der „Philosophie" eines Mill hat man viel zu viel Wesens gemacht, der Darwinismus ist eine Hypothese von zweifelhafter Bedeutung, und wann Carlyle vollends dahingegangen sein wird, hat die englische Literatur der Gegenwart nicht einen Mann mehr von wirklichem Eigenwuchs aufzuweisen, nicht eine Charakterfigur ersten Ranges. Freilich läßt sich sagen, Geist und Stimmung unserer Zeit ständen der Möglichkeit höchster Hervorbringungen des menschlichen Genius auf idealem Gebiete auch in England entgegen wie überall. Wohl, aber zeigt sich in England nicht z. B. auch in den technischen Wissenschaften ein auffallender Rückgang, ein entschiedenes Zurückbleiben gegenüber von Deutschland? Das kommt daher, daß die englische Selbstgerechtigkeit, auf einer gewissen Stufe des Wissens und Könnens angelangt, zu einem Dünkel einfror, welcher nicht mehr zu sehen und zu hören vermochte, was jenseits des Kanals ersonnen, erarbeitet und erstritten wurde. Sogar in Zweigen der Technik, wo die britische Ueberlegenheit für einen unanfechtbaren Glaubensartikel galt, wie im Schiffsbau und in der Schifffahrtskunde, sind die Engländer, hier von den Amerikanern, überholt worden. Die in neuerer und neuester Zeit rasch auf einander gefolgten Untergänge von mit ungeheuren Kosten erbauten neuen Kriegsschiffen haben ein Licht auf das englische Marinewesen geworfen, welches sehenden und sehen wollenden Augen deutlich zeigt, daß Thomsons „Britannia rule the waves" und Campbells „Meteor flag of England" eben auch zu den Vergänglichkeiten dieser Erde gehören. Was das englische Landheer angeht, so steckt dasselbe bekanntlich noch immer in der Verrottung drinn, wie der Krimkrieg sie aufgezeigt hat. Ein Fachmann, welcher die englische Linie und Miliz in England selbst und auswärts gesehen hat, sagte mir vor wenigen Wochen, von dem Bestehen und der Tüchtigkeit einer britischen Armee könne eigentlich nur gegenüber asiatischen und afrikanischen Halb- oder Ganzbarbaren die

Rede sein, weil den Sieg über diese schon die bloße Vorzüglichkeit der englischen Waffen ermögliche. Vom Standpunkte der heutigen europäischen Kriegswissenschaft angesehen, sei das englische Heerwesen durchaus unzulänglich und gleiche, mutatis mutandis, gar vielfach der seligen Reichsarmee von 1757 und 1793.

In alledem mögen die Engländer thun oder lassen, was sie wollen: es ist ihre Sache. Unsere, der Deutschen Sache ist, gegen die englische Feindschaft auf der Hut zu sein und mehr noch gegen die englische Freundschaftsheuchelei. Jedesmal, wann die englische Presse mit Deutschland recht schönthut, können wir versichert sein, daß eine englische Tücke um die Wege sein müsse. Wir wissen ja, daß unser Land, so oft es sich mit England einließ und sich auf England verließ, schließlich immer betrogen war. Eine Kette unwidersprechlicher Beweise hierfür spannt sich Ring an Ring vom Frieden von Utrecht bis auf unsere Tage herab. Die Deutschen waren den Engländern stets nur gut genug, für sie die Kastanien aus dem Feuer zu holen, und leider hat die Gemein-

heit und Gewissenlosigkeit der deutschen Fürsten=
politik diese Kastanienholerei für lange Zeit zu
einem Geschäfte gemacht, dessen schmutzige Einzeln=
heiten in den Engländern die hochmüthigste Ver=
achtung der deutschen Nationalität pflanzen konnte,
mußte. Es gibt keine Beschimpfung, kein Schmach=
wort, welche und welches der britische Hochmuth
uns nicht ins Gesicht geworfen hätte. Noch zur
Zeit des Krimkrieges durfte einer der schöpfigsten
Schöpfe, welche jemals ein Earlskrönlein getragen,
durfte Lord Ellenborough sich erfrechen, öffentlich
zu schmähen: „Die Deutschen sind das feigste und
niederträchtigste Volk der Erde". Wohl, sie werden
euch hoffentlich eines Tages recht leserlich auf
eure breiten Beefeatersbuckel schreiben, von welcher
Beschaffenheit ihre „Feigheit" eigentlich sei.

Gewiß, wir sind ein friedliches Volk und
lassen uns viel bieten, zumal wir wissen, daß bei
weitem nicht alle kläffenden Hunde zu beißen ver=
mögen und daß z. B. die Zähne der englischen
Dogge sehr stumpf und wackelig geworden sind.
Aber selbst die deutsche Geduld nimmt unter Um=
ständen ein Ende und England gegenüber hätte

sie von rechtswegen längst ein Ende nehmen müssen. Wer hat sich nach niedergeworfenem, ganz wesentlich durch deutsche Kraft und Aufopferung niedergeworfenem Napoleonismus sofort mit dem besiegten Frankreich gegen Deutschland verbündet? Unser „loyaler Bundesgenosse" England. Wer hat beim ersten pariser Frieden, dann auf dem wiener Kongreß und beim zweiten Frieden von Paris alle Muskeln angespannt, alle Mittel der Lüge, Intrike und Bestechung in Bewegung gesetzt, um die theuersten Hoffnungen des deutschen Volkes zu knicken und dessen mit Strömen von Blut erkaufte Rechte zu höhnen? Die englische Diplomatie. Ihr, hauptsächlich ihr war die elende Mißgestaltung auf Rechnung zu schreiben, womit Deutschland nach ungeheuren Anstrengungen und Opfern aus den Kriegen der Revolution und des ersten Kaiserreichs hervorging. Das englische Neidauge hatte richtig erkannt, daß die Zukunftshoffnung Deutschlands auf Preußen gestellt sei, und darum scheute die englische Politik vor nichts zurück, wo es galt, die Entwickelung der preußischen Macht zu hemmen und niederzuhalten. Darum auch begegnete man

in dem Gewirre der Hindernisse, welche dem Wachs=
thum des Zollvereins entgegengestellt wurden,
überall der Ränkehand Englands. Je entschiedener
der nationale Gedanke unseres Volkes nach Ver=
wirklichung rang, desto hartnäckiger widersetzte sich
England dem deutschen Einheitswerke. Freilich im
wachsenden Gefühle seiner Impotenz nicht offen
und geradaus, sondern mehr nur im Geheimen
und auf dunkeln Schleichwegen. Mitunter jedoch
durchbrach der englische Haß die Maske der eng=
lischen Heuchelei und verriethen Ministerium, Par=
lament und Presse, wie unerträglich ihnen die
Vorstellung eines deutschen Nationalstaats sei. So
in den Jahren 1848—49, so in Sachen der schles=
wig=holstein'schen Frage. Daß endlich England im
großen Kriege von 1870—71 zu Ungunsten der
Deutschen und zu Gunsten der Franzosen alles
gethan hat, was es more consueto „unter der
Hand" thun konnte, steht bei uns in zu frisch=
bitterem Andenken, als daß noch ausdrücklich
darauf verwiesen werden müßte. Es ist wahr,
einzelne erleuchtete und redliche Engländer sind
während der ganzen Dauer des furchtbaren Kampfes

standhaft zu uns gestanden; aber England hat es mit unseren Feinden gehalten: nicht aus wirklicher Sympathie mit diesen, aber aus Neid und Haß gegen uns. Den Dank haben die Franzosen bereits in ihrer Weise entrichtet. Die stolze Britannia mußte bemüthigst beim kleinen Monsieur Thiers um einen neuen Handelsvertrag betteln gehen.

Das deutsche Reich wird England nicht herausfordern. Es hat auch Wichtigeres und Besseres zu thun, als um die Unverschämtheiten der englischen Presse sich zu kümmern. Aber wenn das Reich seine Machtstellung behaupten und, was eine unumgängliche Naturnothwendigkeit ist, weiter entwickeln, wenn es namentlich, wie es schlechterdings wird müssen wollen, seemächtig werden will, so wird es früher oder später, wahrscheinlich sogar sehr bald England auf seinem Wege finden, so auf seinem Wege finden, daß es nicht daran vorbeikommen kann, sondern das Hinderniß bei Seite schieben muß. Natürlich wird die englische Schlauheit dafür zu sorgen suchen, daß die Wahl der Stunde, wann diese feindliche Begegnung stattfinden wird, bei ihm, bei England sei. Darauf arbeitete es schon

jetzt hin, indem es die französische „Republik"
kajolirt und karessirt, in der Voraussicht, daß der
endgiltige Entscheidungskampf um Sein oder Nicht-
sein zwischen Deutschland und Frankreich nur
eine Frage der Zeit sein könne. So, wie die
Sachen heute liegen, hat es den stärksten Anschein,
daß in diesem Entscheidungskampfe England, die
Interessen des Germanenthums preisgebend und
verrathend, mithandelnd auf seiten Frankreichs
stehen werde, weil es um jeden Preis die immer
bedrohlicher anwachsende deutsche Konkurrenz auf
dem Weltmarkte beseitigen möchte. Auf eine
französisch-englische Allianz also, welche selbstverständlich „im Namen und Interesse der Civilisation"
geschlossen werden wird, muß Deutschland sich gefaßt machen. Angesichts dieser Gefahr wäre es
selbstmörderischer Wahnwitz, wollte das deutsche
Reich nicht möglichst gute Beziehungen mit Rußland unterhalten, allem Geschrei von dummen
Jungen, worunter sehr alte, zum Trotz. Allerdings
ist im festen Bunde mit Oestreich-Ungarn das
deutsche Reich mächtig genug, den Weltfrieden
gegen alle Welt aufrecht zu halten und zu be-

haupten; aber den schleichenden und tastenden bösen Absichten Englands vermag es nur mit Beihilfe Rußlands bei Zeiten einen Riegel vorzuschieben. Darüber sollten sich alle Deutschen klar sein, welche die Dinge sehen, wie sie sind, und die Traumwandelei nicht mit der Politik verwechseln. Uebrigens sieht sich auch Rußland, so lange seine Lenkung nicht Halb= oder Ganznarren in die Hände fällt, auf Deutschland angewiesen, ohne dessen Freundschaft es seine großen asiatischen Projekte nicht weiterzuführen vermag. Es ist aber, wie bekannt, so recht mitten in der Weiterführung derselben begriffen. Schon pochen die Russen an die Thore von Englisch=Ostindien und es ist gar nicht unmöglich, daß von dort, wo die Engländer so Ungeheures gesündigt und gefrevelt haben, die Nemesis gen England sich aufmacht, so sich aufmacht, daß Macaulay's vielverspotteter Neuseeländer auf den Ruinen von London doch am Ende aller Enden aus der Weissagung in die Wirklichkeit übersetzt werden könnte.

.

————

15. August.

Glücklich auf unserem lieben alten „Berg" angekommen und eingehaus't. Das ist doch ein ganz anderer Kerl als der unausstehlich gewordene Modeberg, der beeisenbahnte Glanzhandschuhebengelberg von Rigi. Auch das Haus verspricht Sicherheit und Behagen: es ist, wie ich auf genaues Befragen mit Bestimmtheit erfuhr, heuer nur eine Klavierfurie vorhanden. Und welche Luft! Schon auf dem „Nesselboden" begrüßte sie uns mit ihrer ganzen Reinheit nnd Frische wie alte Bekannte. Ja, hier oben wird einem wieder mal klar, wie Shakspeare von einer „Welt des Athmens" sprechen konnte. Und alte Freunde sind da, vor allen freudig begrüßt unsere liebe schöne kluge Marie, ohne welche wir uns den „Berg" schon gar nicht mehr denken können. Die treue Freundin „Tante Jeannette" kommt morgen vom Schwarzwalde her und bringt die Nichte mit sich, von welcher sie uns im vorigen Sommer so viel erzählte. Auch Schwester Bertha wird kommen, die „Glänzende", wie ihr Name sie richtig kennzeichnet, sie, die meinem geliebten Pompeius dermaleinst so wohl-

gefiel, daß er in seinen alten Tagen noch Scherz=
verse zu machen anhob.

---

16. August.

Luft und Licht sind uns gewogen und so laßt
uns athmen in vollen Zügen und laßt uns alles
vergessen, was drunten, und laßt uns frohgemuth
sein! Oh, wie so ganz anders ist es heuer denn
vor zwei Jahren um diese Zeit, wo ich mich hier
oben so bitter abängstigte, bis die Sonne von
Wörth das Gewölke meiner Sorgen glorreich durch=
brach. Der Traum meiner Jugend, mein Ver=
brechen von 1848: mein Vaterland geeint, mächtig
und groß gewollt zu haben, heute ist der Traum
eine Thatsache, das „Verbrechen", eine Pflicht ge=
worden. Anders freilich vollzog sich das gewaltige
deutsche Schicksal, als wir es geträumt, gewünscht,
gestrebt, ganz anders. Aber es vollzog sich und
Heil den Händen, welche geschickter und stärker
waren als die unsrigen und rücksichtslos thaten,
was gethan werden mußte, um den Schwatz zu
enden und den mittels Worten nicht zu lösenden

Knoten der deutschen Frage mit dem Schwerte zu durchhauen. Es blieb ja keine andere Wahl, wie eben alles Völkergeschicke Bestimmende und Entscheidende nie mit lindem Säuseln, sondern mit Donnergedröhne daherkommt. Und glaubt nur nicht, daß wir alten, wir in der Wolle gefärbten Republikaner durch die scheinbar so entschieden monarchische Wendung der deutschen Schickung in unserem Glauben gestört oder gar erschüttert seien. Binnen hundert Jahren ist ja doch Europa republikanisch, was freilich nicht verunmöglichen wird, daß später die Völker zur Abwechselung wieder Könige werden haben wollen. Das Rad menschlicher Thorheit rollt rastlos rundum.

17. August.

Wenn das so fortgeht, lerne ich hier oben den Shakspeare besser verstehen, als alle seine Kommentatoren von Ben Jonson bis Kreyßig ihn jemals zu ahnen vermochten. So haben mir heute meine lieben jungen braun- und blauaugigen Freundinnen ohne zu wissen, wie, durch ihr ganzes

Gebaren allerliebst klargemacht, was der Dichter eigentlich meinte, wenn er sagte:

„Dieses Vorrecht ist der Unschuld Theil,
Daß Scherz und Lachen immer sie veredelt."

---

18. August.

Unser alter Berg läßt häufig genug seine gewohnten, heuer noch merklich gesteigerten Tücken an uns aus; dann aber zeigt er sich im Handumdrehen auch wieder von seiner liebenswürdigsten Seite. Heute früh saßen wir nicht über, sondern in den Wolken und das ganze Dasein hatte die entschiedenste Aehnlichkeit mit dem staatsmännischen Essigmuttergesicht, welches der gute Dahlmäuser selig Anno 48 in Frankfurt herumtrug. Heute Abend dagegen war Jubilate hier oben. Mit Fug und Recht. Etwas so einzig und eigenthümlich Schönes sah ich noch nie und nirgends. Die Alpen drüben aufgedeckt und über den Firnen eine breite blaßrosarothe, an ihren Rändern bald in's Tiefblaue, bald ins Meergrüne schillernde Luftschicht, deren Farbenspiel immer leuchtender wurde,

je mehr die Sonne niederging. Aber ganz wunder=
sam war es anzusehen, hehr und heilig, als in
demselben Augenblicke, wo der Sonnenball vor
seinem Verschwinden blutroth hinter den Fichten=
spitzen des „großen Dielitsch" hing, der Vollmond
geisterhaft leise und plötzlich hinter dem Schnee=
haupte des Titlis emporstieg. Der Montblanc
und seine Mitmajestäten vom Oberland trugen
noch das rothe Sonnengold auf ihren Scheiteln,
während ihre östlichen Nachbarn die weißen Riesen=
leiber schon im milden Mondlicht badeten, die
drei Seebecken im Westen, von violettem Duft
überhaucht, herüberflimmerten und der herrliche
Strom seine unvergleichlich schön gewundenen Halb=
ringe silberblitzend durch die Niederung rollte. Ich
erinnere mich nicht, daß jemals früher dieses prächtige
Land mir mit so magischer Macht das Herz angefaßt
hätte. Sonderbar war aber, daß ich dabei unwill=
kürlich der Worte denken mußte, welche Hölderlin
seinen Empedokles auf dem Aetna sprechen läßt: —

„Von dieser schönen Erde soll
Das Auge mir nicht ohne Freude scheiden."

20. August.

In dem letzten Wochen habe ich wiederholt eine Thatsache beobachtet, die sehr zu denken gibt. Es ist die auffallende Nüchternheit in den Anschauungen der jungen Männerwelt. Eine Abwesenheit aller romantischen Stimmung, welche zu meiner Jugendzeit unerhört gewesen wäre. Ich fühlte mich anfänglich unangenehm berührt durch die wahrgenommene Prosa der jungen Leute. Dieselbe sieht der Blasirtheit immerhin sehr ähnlich. Schärfer hinsehend bemerkte ich aber, daß es unrecht wäre, diese Prosaiker, für welche man ja auch bereits die zutreffende Kollektivbezeichnung „Streber" erfunden hat, blasirt zu nennen. Sie wollen ja erst recht genießen, sie lechzen nach Genüssen. Auch nach denen des Ehrgeizes. Sie wollen etwas werden, etwas gelten, etwas vor sich bringen und sie greifen die Sache praktisch an. Wo und wann es nöthig und förderlich, wissen sie sich sogar zu begeistern. Aber ihre Begeisterung hat Schick und beachtet respektvoll die Schranken des Möglichbleibens. Servil kann man diese Streber eigentlich nicht nennen; denn sie fühlen sich. Sie sind selbstsüchtig durch und durch, aber ihre Selbstsucht ist eine, so zu sagen wissenschaftlich gebildete und bewegt sich in anständigen Formen.

---

21. August.

Mr. Thiers spielt in Trouville mit einer Kanone, welche ihm die Eidgenossenschaft zum Geschenk gemacht hat. Wären die Schweizer mehr zum Humor geneigt, als sie durchschnittlich dazu geneigt sind, so müßte man glauben, sie hätten damit die Kriegsgaukelei des alten Knaben ironisiren wollen. Er ist ja sein Lebenlang der entschiedene Feind der Schweiz gewesen. Vielleicht läßt er noch mit ihrer eigenen Kanone auf die Schweizer schießen, wer weiß? Jedenfalls hat er das Geschenk als ein seinem Feldherrngenie ernsthaft dargebrachtes Kompliment genommen und versucht sich wohl in Attituden, wie die seines Halb= oder Ganzgottes Napoleon bei Montereau angeblich eine gewesen ist. Thorheit schützt vor Alter nicht. Sonst wäre das Nußknackerchen nicht so alt geworden.

22. August.

Ein mir befreundeter junger Mann, welcher hier zu Lande theilweise seine Studien gemacht hat, Guido Krummbuckel heißt, angehender Historiker und angegangener Privatdocent an der berühmten deutschen Hochschule Dünkeldippel ist, schrieb mir vor etlichen Tagen einen Klagebrief. Darin hat er in wahrhaft kläglicher Weise über sein Nichtvorwärtskommen sich ausgelassen, während er rechts und links allerhand Nichtskönner oder Charlatane — so drückt er sich aus — zu Professoren, Hofräthen u. s. w. aufsteigen, auch mit Orden bebändelt sehe, „bunt wie andalusische Maulesel", sagt er. Item, selbige Maulesel brauchten nur zu yahnen, um die schönsten und reichsten Mädchen zum Jasagen zu bewegen...... Der gute Guido Krummbuckel ist ein bißchen boshaft; aber er dauert mich doch, und sintemalen er ein absonderlich Zutrauen zu mir hat und mich beweglich bittet, ihm zu rathen, wie er es dann anstellen müßte, um auch so ein glücklicher — Andalusier zu werden, so will ich mein Möglichstes für ihn thun. Freilich ist er nicht vor die rechte Schmiede gekommen, maßen

ich selber das Eisen des Karrièremachens, auch wenn
es warm war, niemals zu schmieden verstanden
habe. Allein vielleicht macht mich gerade meine absolute
Objektivität zum richtigen Rathgeber in dieser Sache,
und alldieweilen Guido im Grunde ein guter Junge
ist, setzte ich mich heute hin und verfertigte und
abressirte an ihn nachstehende

Epistola de arte perveniendi
oder
Anleitung zur höheren Kriechkunst.
Sic itur ad astra.
(So wird man Exellenz.)

Zuvörderst, mein junger Freund, muß ich
Ihnen tadelnd und ermahnend sagen: Lassen Sie
doch den Kopf nicht so hängen und halten Sie die
Ohren steif! Sie sind noch viel zu jung zum Hypo-
chonder und doch spielen Sie sich bereits auf
einen solchen hinaus, wenn Sie darüber jammern,
schon Ihr Name, dieser „lächerlich=widerspruchs-
volle" Name Guido Krummbuckel sei ein entschiedenes
Unglück und für Ihr Vorwärtskommen ein notorisches
Hinderniß. Welches anständige Mädchen, fragen
Sie unter anderem verzweiflungsvoll, würde jemals
Frau Krummbuckel heißen wollen? Nun ja, so

Frau Krumbuckel schlechtweg klingt allerdings nicht gerade verführerisch; allein „gnädige Freifrau von Krummbuckel" ist ein Klang und Lockruf, welchem ein wohlerzogenes Mädchengemüth unmöglich zu widerstehen vermag. Ergo: Sie müssen trachten, den Krummbuckel aus dem so zu sagen Kanaillenhaften in die Sphäre des Vonlichen zu erheben.

Erheben wir uns aber selber auf einen höheren Standpunkt, um ihren werthen Namen als „Ding an sich" zu betrachten, so werden wir finden, daß derselbe, weit entfernt, ein Unglück zu sein vielmehr ein Glück ist. „Guido" spricht für sich selbst. Das ist ein Name, ganz dazu gemacht, wie geschlagene Sahne mit Zucker von den mehr oder weniger kußlichen Lippen einer deutschen Jungfrau, besonders einer etwas ältlicheren mit lilafarbigem Gemüth und — sei's drum! — falschen Hüften schmachtend eingeschlürft zu werden. „Mein Guido!" „Geliebter Guido!" Das schmeckt wie Extrakt aus allem, was unsere allermodernsten Versiferlein ihre Vögelein und Blümelein erzählen lassen. Und vollends Guido in's jetzt so modische Plattdeutsche deminutivisch umgesetzt: „Guidoteken!" oder so —

rein zum Herzen und Küssen! Ganz „Amaranth"! Selbst der zarteste geibel'sche Mondscheinlied= seufzerhauch ist Koriander und Mäusedreck dagegen. Summa: Seien Sie stolz auf Ihren Taufnamen! Aber auch den „Krummbuckel" sollen Sie mir nicht schelten. Der Name hat etwas Providentielles, er ist ein Schicksalswink, welcher nur beachtet zu werden braucht, um zum Glücke zu leiten. Jede seiner drei gesegneten Silben ruft Ihnen aus vollem Halse zu: „Krümme den Buckel, Guido Krummbuckel, krümme, krümme dich, krummbuckle nach Noten!" Ich kann nur von ganzem Herzen in diesen Zuruf miteinstimmen. Ja, lieber Freund, treiben Sie eifrigst moralische Zimmergymnastik, bis Sie ein Kautschukmann comme il faut. Die Stirne zur Erde vor dem Thron, vor dem Altar, vor dem Geldsack! Den Buckel gekrümmt, lieber Krummbuckel, vor jedem Vorgesetzten oder jedem, der es jemals werden könnte, so daß die Krümmung ihm stillschweigend, aber einladend sagt: „Willst du nicht aufsteigen, Edelster, und ein bißchen reiten? Ich bin ja ein Buckel für alles." Damit ist hoffentlich klargestellt, daß Sie im Besitze eines glückverheißenden und glückbringenden Namens sind. Es hängt rein nur von Ihnen ab, die gegebenen Vortheile daraus zu ziehen.

Ich wende mich nun zu Ihrer Eigenschaft und Stellung als Karrière machen wollender Gelehrter im allgemeinen und als strebender, d. h. nach Titeln, Mitteln und Würden strebender Historiker im besonderen und gebe Ihnen etliche Winke für ein förderndes und nahrhaftes Verhalten.... Wie Sie wissen, steht in der Edda zu lesen:

> „Mäßig weise muß der Mann sein,
> Aber nicht allzu weise;
> Des Weisen Herz erheitert sich selten" —

was, prosaisch ausgedrückt, heißt: Hüte dich fein, gescheider sein oder gar erscheinen zu wollen als die andern. Die Mittelmäßigkeit, lieber junger Freund, ist wie Lieschens bekannter Fingerhut für gar manche Dinge gut. Sie sei geradezu Ihr Ideal. Denn sie ist in Wahrheit die „goldene Mittelstraße", welche in reizenden Krümmungen auf die schöne Gegend zuführt, wo die Geheimräthe wachsen, die großen Besoldungen gedeihen und die Ordenssterne aufgehen. Die liebe Mittel=

mäßigkeit ist es, welche dem Corps savant den
richtigen Korpsgeist gibt, sie ist es, die das starke
Band der Kameradschaft webt; sie ist es, die im Grunde
alles lenkt und leitet. Denn nur sie bringt den Leuten
der herrschenden Gesellschaftsklassen ihre Solidarität
so recht zum Bewußtsein. Zu jenem Bewußtsein,
kraft dessen eine schmierige Hand die andere nicht
wäscht, aber drückt; zu jenem Bewußtsein, kraft
dessen alle Mittelmäßigen einen ungeheuer großen
Unfreimaurerbund bilden, welcher seine Resolutionen
und Dekrete von der Großloge „Zur nutzbringenden
Gewöhnlichkeit" ausgehen läßt. Also mittelmäßig,
Bruder Krummbuckel, mittelmäßig immerdar! Er=
tappen Sie sich etwa mal auf einer originellen
Anschauung, auf einem genialen Einfall, auf einem
selbstständigen Gedanken, klatsch! hauen Sie den
inkorrekten Dingern auf den Kopf, daß denselben
die Lust des Wiederkommens vergeht. Geistige
Eigenwüchsigkeit verträgt sich nicht mit gelehrter
Gründlichkeit, Kraft des Gefühls nicht mit korrekter
Gelahrtheit, edle Leidenschaft nicht mit akademischer
Würde, wissen Sie? Seien Sie daher ein Ge=
lehrter nach der Schablone, ein „Forscher", welcher

da ein Stückchen Krimskrams „entdeckt" und dort einen Pfifferling ausscharrt, um dann der Welt mit der Miene höchster Selbstzufriedenheit zu verkünden: Heureka! Die gesammte Mittelmäßigkeitschaft, vorkommenden Falles ähnliche Dienste von Ihnen erwartend, schreit: „Ein wissenschaftlicher Fund!" und die urtheilslose Menge glaubt an die Schnurrpfeiferei.

Selbstverständlich ist, daß Sie sich mit Mund und Hand als Mitglied der Schule bekennen müssen, welche dermalen Ihr Fach beherrscht. Sie dürfen daher keine Gelegenheit vorübergehen lassen, dem unfehlbaren Großmagister dieser Schule, dem weltberühmten Geheimrath von Saffianlederich ihre unterthänigsten Genuflexionen darzubringen. Am feinsten geschieht dies dadurch, daß Sie die gesammte Weltgeschichte vom Standpunkte der Saffianlederichkeit aus betrachten und behandeln. Die Mittel und Wege ausfindig zu machen, wie es anzustellen, dem Großmagister Ihre Huldigungen gehörig zur Kenntniß zu bringen, das kann ich wohl Ihrem eigenen Scharfsinn überlassen. Ich sage nur, seien Sie beharrlich und energisch, in verba magistri zu schwören, und Sie werden bald angenehm erfahren, daß Sie geschoben werden, zunächst aus dem Stande der Privatdocentenschaft aufwärts zur außerordentlichen Professur.

Als Außerordentlicher müssen Sie sich nun aber erst recht ordentlich betragen. Es gilt jetzt zu forschen und zu schaffen, was das Zeug hält, d. h. müssen sich den Anschein unergründlichster Gründlichkeit geben, mit der Miene eines stets mit den höchsten Interessen der Wissenschaft Beschäftigten herumgehen und nie auf dem Katheder sitzen, ohne daß sich zur Erbauung Ihrer Zuhörer auf Ihrem Gesichte das Bewußtsein ausprägte, Sie hätten eigentlich den Dreifuß der Pythia unter Ihrem Podex. Das imponirt. Ueber die Region der Gemeinplätzerei sollen Sie dabei aus den weiter oben angegebenen Gründen ja nie hinausgehen; es genügt vollkommen, wenn Sie mit in die richtigen Falten gezogener „Denkerstirne" tausendmal schon aufgewärmten Kohl abermalen Ihren Zuhörern vorkohlen. Vergessen Sie nur nicht, das abgestandene Gericht mittels des bekannten „sittlichen Pathos" zu würzen und aufzusteifen, welches zu einem korrekten akademischen Vortrag gehört wie das Tamtam zur chinesischen Musik.

Natürlich liegt Ihnen ob, lieber junger Streber, nicht allein als Docent, sondern auch als Autor auf der Linie der „richtigen Mitte" sich zu bewegen. Wie viele „wissenschaftliche Fünde" sind noch zu machen, wie viele bedeutsame Probleme Ihres Faches sind noch zu lösen! Wie manches, was schicksalsmächtig in den Gang der Geschichte eingegriffen hat, muß erst noch in seinen letzten Motiven aufgespürt und urkundlich festgestellt werden! Da ist z. B. die Frage, welcher Haarerzeugungspomade Karl der Kahle sich bedient habe. Wenn Sie dieses „Problem" mit korrekter Wissenschaftlichkeit anfassen, können Sie daraus ein Buch machen, welches der deutschen Gelehrsamkeit zu nicht geringer Ehre gereichen wird. Oder wenn Sie „eruiren", wie der Hufschmied geheißen, welcher bei Gelegenheit von Friedrich Barbarossa's dritter Heerfahrt nach Italien im Herbste von 1166 in Val Camonica dem rechten Vorderfuße von des Kaisers Roß das angeblich losgegangene Eisen wiederaufschlug, so kann Ihnen die ordentliche

Mitgliedschaft der berühmten Akademie der Wissenschaften von Trippstrill unmöglich entgehen. Ein nicht minder großes Verdienst um die Geschichtewissenschaft würden Sie sich erwerben, so es Ihnen etwa gelänge, den Tischler „urkundlich zu fixiren", der Anno 1535 die Bettlade verfertigte, in welcher der König von Zion zu Münster mit seinen zwölf oder mehr Frauen schlief. Endlich ließe sich wohl auch ein höchst verdienstliches Quellenmaterial zusammenbringen, auf Grund dessen der peinliche Zweifel, ob Metternich während der berühmten Unterredung, welche er am 28. Juni von 1813 im markolinischen Palais zu Dresden mit Napoleon hatte, den vom explodirenden Empereur zu Boden geschmissenen Hut aufgehoben habe oder nicht, „abschlußgebend" beseitigt würde. Sehen Sie, das sind, beispielsweise gesprochen, lauter Aufgaben deren deutschgründliche, echtwissenschaftliche Lösung sicherlich „ist des Schweißes der Edlen werth."

Ueber der Wichtigkeit derartiger, mit minutiösester Anwendung des gesammten historisch-kritischen Apparats zu behandelnder Gegenstände dürfen Sie aber die Wichtigkeit der Form der Behandlung ja

nicht übersehen! Nur um Gotteswillen nicht etwa
geistvoll und formschön, anschaulich und anziehend
schreiben! Würden Sie das thun, so wären Sie
verloren, weil von Ihren Zunftgenossen unwider=
ruflich in Acht und Bann erklärt. Halten Sie sich
allzeit gegenwärtig, daß die deutschen Gelehrten
in ihrer Mehrzahl dem Voltaire noch zur Stunde
spinnefeind sind, weil er sich beigehen ließ, zu sagen,
alle Genres seien gut, nur das langweilige nicht.
So was konnte doch gewiß nur ein „seichter" Franzos
ausgehen lassen! Wir gründlichen Deutschen wissen
im Gegentheil, daß nur die stillen Wasser tief,
d. h. daß nur die langweiligen Bücher lehrreich
sind. Gelehrte Langweilerei ist unsere zehnte Muse.
Ein Buch, das uns nicht schon auf der dritten
Seite zum Gähnen bringt, hat schlechterdings keinen
Anspruch auf Wissenschaftlichkeit. Ergo, junger
Freund, so Ihnen daran liegt, vom Außerordent=
lichen bald zum Ordentlichen vorzurücken und die
noch höheren Leitersprossen der gelehrten Hierarchie
zu erklimmen, schreiben Sie geistlos bis zur äußer=
sten Menschenmöglichkeit, schreiben Sie langweilig
bis zur Unmenschlichkeit, bandwurmeln, alabama=

siren Sie! Gelesen brauchen ja Ihre Bücherbandwürmer nicht zu werden. Es genügt, daß dieselben dann und wann auf den Seiten irgendwelcher gelehrter „Anzeigen" in einer kameradschaftlich zubereiteten Lorbersauce sich ringeln und in den Universitätsbüchereikatalogen fortmodern. Unsere lieben Landsleute haben bekanntlich vor solchem katalogisirtem Moder einen ungemessenen Respekt.

Ihr Verhalten zur Kirche und zum Staat ist vorgezeichnet: Sie wollen ja etwas werden. Sie werden daher nicht allein den Versammlungen des „deutschen evangelischen Kirchentags" anwohnen, sondern auch etwa alle Monate einmal zur Kirche gehen, um „den religiösen Gefühlen" der großen Mehrzahl Ihrer Mitunterthanen Achtung zu bezeigen. Natürlich sind Sie selber ein loyalster Unterthan, der es risfirt, bei Gelegenheit allerhöchster Geburts- oder Sterbetage, Hochzeiten oder Kindtaufen Huldigungsadressen in Versen zu verüben. Den berühmten „Muth der Ueberzeugung" dürfen Sie meinetwegen haben, nämlich der Ueberzeugung des jeweiligen Kultusministers. Es schadet auch nicht, wenn Sie dann und wann auf dem

Katheder oder in Zeitschriften ein bißchen sozialistisch humbugsiren und zu verstehen geben, Sie könnten unter Umständen auch roth anlaufen, so es gälte, der Sklavin Arbeit gegenüber dem Tyrannen Kapital zu ihren Rechten zu verhelfen. Man sieht es ja bei Hofe, in Junkerschlössern und in Sakristeien gar gern, wenn der „herrschsüchtigen Bourgeoisie", dem „unverschämten Bürgerpack" eins angehängt wird. Es ist demnach gar nicht so schwer, wie es aussieht, den Servilisten mit dem Sozialisten zu verbinden; versuchen Sie es nur! Drehen Sie das rechte Auge nach oben und schielen Sie mit dem linken nach unten. Ihre Worte können zuweilen die Blouse anthun, aber Ihre Gedanken seien stets in Livree. Stellen Sie sich zu den Zeitfragen so, daß Sie, während Sie mit der Rechten eine „volkswirtsschaftliche" Elegie auf die Ausbeutung des Proletariats durch die Börsenbarone niederschreiben, mit der Linken den Gewinn Ihrer Betheiligung an dem neuesten Gründungsschwindel einstreichen können. Im übrigen müssen Sie immer und überall den Patrioten, den deutschen, ja den teutschen Patrioten lang heraushängen. Der

Patriotismus ist ja jetzt nicht nur erlaubt, sondern auch geboten. Er figurirt in den Konduitenlisten als empfehlende Rubrik und das Deutschthum ziert einen Mann wie die Schabrake das Pferd.

Und nun nur noch eins, ein Wichtigstes freilich: — Schwindeln Sie sich sobald als möglich einer tonangebenden oder sonst einflußreichen Dame an! Wenn irgendwie thunlich einer Prinzessin oder mindestens einer Geburts= oder Geldgräfin. Vornehmen Weiberhänden wohnt eine Kraft des Schiebens inne, von welcher Sie noch gar keine Vorstellung haben. Was die Kunst des derartigen Damen Sichanschwindelns betrifft, so können Sie das Recept dazu bei verschiedenen der beliebtesten Matadore deutscher Literaturgegenwart kaufen. Das Hauptingredienz ist, wenn ich nicht irre, pulverisirte Kapaunenfeder.

So, damit hätte ich das Meinige für Ihre Zukunft gethan; thun Sie das Ihrige. Ich zweifle nicht, Sie werden es thun, meine Winke nützend, meine Rathschläge befolgend, und wenn ich, mein Bester, etwas länger lebte, als ich zu leben Aussicht habe, so würde ich es zweifelsohne erleben, daß Sie mir eines Tages bei Gelegenheit Ihrer Durchreise nicht etwa einen Besuch machten — denn dazu wären Sie dannzumal viel zu vornehm — aber doch Ihre Karte übersendeten mit der Aufschrift: „Wirklicher Geheimrath Guido von Krummbuckel zu Krummbücklingen, Excellenz."

25. August.

Dank euch, Götter, daß ihr mir die Freude am Zusammenleben mit der Natur so frischlebendig erhalten habt, wie ich nur je in jungen Jahren sie gefühlt. Das ist ein großer Segen. Noch immer geht mir das Herz auf, wenn die große Mutter mir ein Zeichen ihrer allgegenwärtigen Liebe gibt. Im Kleinsten wie im Größten fühl' ich mich ihr nahe. So heute Morgen, als ich im Walde saß und hoch über den Wipfeln ein Weih seine still= schönen Kreise zog, mir zu Füßen ein Waldameisen= staat in seiner Art Weltgeschichte machte, wenige Schritte von mir entfernt in den Aesten einer alten Föhre ein Pärchen schwarzer Eichkätzchen in graziösen Sprüngen und Schwüngen das Eichhorn= möglichste that und dann durch das dichte Gezweige rings um mich plötzlich ein Sonnenstral sich stahl, als wollte er mich grüßen und mir sagen: Siehst du, mein Gold ist noch nicht im Werthe gesunken . . . . Der Tag war einer der wenigen rein= und vollschönen dieses Sturm= und Regensommers und unser Berg entfaltete alle seine Vorzüge. Nach der Heimkehr von unserem Abendgange zur „Röthi", woselbst eine der großartigsten Rundsichten der Schweiz sich aufthut, hatten wir ein so prächtiges Alpenglühen, wie ich es all mein Lebtag noch nicht gesehen. Ein echtes, rechtes, ganzes. Schon war die Sonne hinter den Jurakämmen niedergegangen, schon standen die Kolosse drüben vom Titlis bis zum Montblanc fahlgrau im Dämmerlicht, als mit einmal der „Weißberg" roth und röther zu leuchten begann. Das war wie jene vom Aeschy= los in Agamemnon so herrlich geschilderte Feuer= telegraphie: „Brand flog auf Brand" — u. s. w. Zunächst glühten links vom Montblanc die Diable= rets auf, dann der Reihe nach Wildstrubel, Rinderhorn, Altels, Balmhorn, Doldenhorn, Blüm= lisalp, Jungfrau, hinüber zu den Schreck= und Wetterhörnern, immer weiter bis zum Galenstock, zum Sustenhorn, zum Tödi, zum Glärnisch, zum Säntis, endlich alle die Riesen und Riesinnen ein Purpur, eine Glut — gloria in excelsis! — und über allen gerade uns gegenüber die scharfe Firnschneespitze des Finsteraarhorns in dem schon dunkelnden Luftraum funkelnd wie ein rother Stern. Leider kommt dem Erfahrenen beim Alpenglühen unausweichlich zu Sinne, daß dasselbe ein untrügliches Vorzeichen schlechten Wetters. Aehnlich ist das Vorgefühl, welches den Menschen im Vollgenusse höchsten Glückes anschaudert, ein Vorgefühl, daß es nicht von Dauer sein könne und vorübergehen werde wie der flüchtige Reflex, welchen die niedergegangene Sonne durch die Wolkendunstschichte des schon herandräuenden Unwetters auf die Alpengipfel wirft. Sie flammen auf, sie werfen einen rothen Freudenschrei himmelan; aber die ganze Herrlichkeit vergeht so schnell wie menschlicher Wonneüberschwang und in der nächsten Minute stehen die Berge nicht mehr frohlockend in wallenden Purpurmänteln, sondern starr, unheimlich, gespenstisch in langen Leichenhemden, so daß der Anblick uns frösteln macht.

zeigte aber weiter keine Verlegenheit. War er doch in einer jener Stimmungen, wo die Konvenienz keinen Strohhalm mehr wiegt. Er winkte mir nur mit der Hand, zu schweigen, bis das letzte leise Geräusch von den Tritten Mirjams auf dem Waldwege verhallt wäre. Ich verstand und schwieg bis dahin. Dann faßte ich seine Hand und sagte mit aufrichtiger Theilnahme: Armer Freund! — „Sagen Sie lieber: armer alter Narr, armer grauer Esel!" entgegnete er und versuchte zu lächeln, aber dieses Lächeln schnitt mir in die Seele. Und gewaltsam sich fassend fuhr er fort: „Sie kennen mein jämmerliches Geheimniß, das ich unter der Decke einer schmerzhaft genug erkünstelten ausgelassenen Heiterkeit vor den Leuten verbarg. Diese lachten darüber — auch sie, auch sie — als ich gestern erklärte, ich sei hier oben rückwärts gewachsen wie ein Kuhschwanz, und doch ist es traurig wahr. Ich bin in der That rückwärts gewachsen, wieder in die blöde blanke Jugendeselei zurück, in die Dumme-Jungenschaft, in die Wertherei. Sie wissen nicht, können nicht ahnen, wie weit mein Wahnwitz geht. Glauben

Sie das Tollste, Absurdeste, das Undenkbare! Denn, sehen Sie, hätte mich Ihre unvermuthete Anwesenheit vorhin nicht' gestört, ich wäre hingegangen, um die Rasenstelle zu küssen, worauf dieses holdselige Geschöpf beim Weggehen zuletzt getreten." — Soweit ist es mit Ihnen? — „Ja, soweit! Soweit, daß ich, dessen Augen sich nicht mehr genetzt, seit ich meinen Vater begraben habe, die halben Nächte hindurch weinend auf meinem Bette sitze." Er brach ab, und um das eingetretene peinliche Schweigen zu kürzen, fragt' ich nach einer Weile ziemlich hölzern: „Sie finden also das Mädchen schön? — „Schön?" erwiderte er, verwundert aufblickend. „Darauf habe ich sie noch gar nicht angesehen. Ich weiß nur, daß ihre Erscheinung mir alles Anmuthigste vor die Seele bringt, was höchste Dichterkraft in glücklichsten Momenten geschaffen. So gemahnt sie mich an Shakspeare's Miranda, an Göthe's Dora, an Byrons Zuleika." — Ja, 's ist wahr: auch mir trat schon oft, wenn ich das ganze Sein und Thun des guten Kindes ansah, unwillkürlich auf die Lippen, was Byron von seiner Heldin sagt:

„Pure, as the prayer which childhood wafts above."

Er sah mich dankbar an und begann, als müßte er das nun einmal geöffnete Herz ganz ausschütten, wiederum: „Schön? Ich weiß nicht, ob sie schön; ich weiß nur, daß es mich glücklich macht, den Schall ihres Trittes, das Rauschen ihres Kleides zu vernehmen oder ihr Hutband flattern zu sehen. Ich weiß nur, daß der Klang ihrer Stimme mir die Seele mit Musik füllt und daß mein altes, armes, unter dem Hammer schwerer Schickungen gehärtetes Herz freudvoll und leidvoll mir in der Brust schwillt, wenn sie mich freundlich ansieht mit ihren lieben braunen Augen, in denen kein Arg und kein Falsch. Ich weiß nur, daß ich der Stunde meines Weggehens von hier, die ich doch herbeiwünschen, die ich beschleunigen sollte, entgegenbebe, wie ein Feigling der Todesstunde entgegenbebt, und daß ich mich doch zugleich auf diese Stunde freue wie ein Kind auf die Weihnacht, weil ja dann beim Abschiednehmen ihre Hand einen Augenblick lang in der meinigen liegen wird." — Armer Mann! Das Leben ist doch die grausamste Ironie und der tolle Grabbe hatte nicht so unrecht, als er seinen Herzog von

Gothland aufschreien ließ, „allmächtige Bosheit" lenke den Weltkreis. Da ist nun dieses reine, anmuthige Kind, welches, wie ich wiederholt bemerkt habe, liebevoll darauf achtet, keine Blume und kein Insekt auf seinen Wegen zu zertreten, und doch zertritt es flüchtigen Fußes ein in Stürmen geprüftes und erprobtes Mannesherz, das der blinde Zufall, die grausame Ironie, die „allmächtige Bosheit" ihm auf seinen Weg geworfen. — „Sagen Sie das nicht! Sagen Sie das nicht! Sie kann keinem Menschen wehthun, nicht einmal unwissentlich. Sie ist so gut! Sie würde mich armen alten Narren von ganzem Herzen bemitleiden, wenn sie erführe, was sie nie erfahren soll." — Ich glaub' es. Aber was soll werden aus alledem? Ich sehe für Sie nur einen Ausweg aus diesem Wirrsal. — „Ja, die dunkle Pforte, durch die wir alle einmal gehen müssen. Glauben Sie mir, ich bin alle diese Tage her mehr als einmal dicht vor derselben gestanden. Aber ich durfte sie nicht aufstoßen, ich darf nicht. Ich bin mein Lebenlang ein Sklave der Pflicht gewesen und muß es bleiben. Ich habe Pflichten zu erfüllen

gegen Wesen, die mir theurer sein müssen und
theurer sind als mein elendes Ich." — Wohl,
dann kann ich nur sagen: Duldmuth! Es währt
ja, wie in unserem Alter alles übrige, auch nur
noch eine kurze Weile. Ermannen sie sich, mein
Freund, und machen Sie es, wie der göttliche Dul=
der Odysseus — wissen Sie?

„Aber er schlug an die Brust und ermahnte sein Herz mit
den Worten:
Halte nur aus, oh Herz, schon Schlimmeres hast du erduldet!"

Und richtig, sein Herz hielt aus und er gelangte
schließlich heil und gesund an den lange so schmerz=
lich gesuchten Heimatstrand. — „Mein Ithaka liegt
im Ozean „Unmöglichkeit", murmelte er. „Ich habe
meine Lenden gegürtet wie ein Mann und mit
diesem Wahnsinn gerungen wie Israel zu Pniel
mit seinem Gott. Alles umsonst! Es fiel auf mich
mit der Gewalt des Blitzes. Einer solchen Leiden=
schaft klein, schwach, hilflos gegenüberstehen, in
meinen Jahren, oh der Schande, oh der Schmach!"
— Schande? Schmach? Weil ein Blitz auf Sie
gefallen? Weil das allmächtige Feuer, welches den
Weltbau schuf, schafft und zusammenhält, Sie an=

geflammt hat ohne nach dem Datum Ihres Ge=
burtscheines zu fragen? Nein, armer Freund, Sie
sind nur unglücklich und ich, der ich Ihnen nach=
zufühlen vermag, beklage Sie von ganzem Herzen
... Er antwortete nicht und bedeckte sein Gesicht
mit den Händen. Ich aber ging leise hinweg.
So ein Schmerz ist heilig; er will ungestört sich
austoben und Tröstungsversuche sind eitel, ja ge=
radezu eine Entweihung. Richtige Weltleute sind
allerdings berechtigt, spöttisch zu lachen, wenn sie sehen,
daß „diu starke minne" mitunter auch im Lebens=
herbste noch so recht hochroth als „brennende Liebe"
aufblüht. Ihnen begegnet so etwas nicht, ihre
Herzen, ihre Bimssteinherzen sind sicher davor.
Aber es gibt Dinge zwischen Himmel und Erde,
von welchen die Philosophie bimssteinherziger Welt=
leute nichts weiß und die keineswegs lächerlich,
sondern vielmehr sehr traurig sind.

---

5. September.

Er ist fort. Frühmorgens ist er still aufge=
brochen, um den Bergwald hinabzusteigen. Er
hat darauf verzichtet, ihre Hand für einen Augen=

blick in der seinigen zu halten und ihr Lebewohl
zu empfangen. Er mochte seiner Fassung nicht
trauen und mochte fürchten, mittels einer verräthe=
rischen Gebärde, mittels eines unbewachten Wortes
einen, wenn auch nur flüchtigsten Schatten in das licht=
helle Gemüth des geliebten Kindes zu werfen.
Mir sagte er beim Weggehen nur noch das eine
Wort: „Spinoza!" womit er zweifelsohne andeuten
wollte, daß ihm nichts bliebe als jene gramschwere,
aber mannhaft in sich gefaßte Resignation, worin
einer der erlauchtesten Denker die einzig mögliche
Lösung des Welträthsels gefunden hat. Unsereinem
bleibt ja in solchen Fällen keine andere Zuflucht,
kein anderer Trost. Nur einem Olympier wie
Göthe ist es gegönnt und gegeben, „zu sagen, wie
er leidet", während wir Sterblichen „verstummen
in unserer Qual". Nur einem Göthe war es ge=
geben, von der wahnsinnigen Leidenschaft, welche
die junge Ulrike von Lewezow in ihm, dem
Vierundsiebzigjährigen, entzündet hatte, durch eine
„Elegie aus Marienbad" sich zu „befreien" und damit
zugleich der Geliebten, welche entzündend selber ent=
zündet worden war, ein ewiges Monument aufzu=

richten. „Jo ti cinsi de gloria e fatta ho dea!"*) — Eins aber weiß ich jetzt: — Was unsere Materialisten von der strikten Observanz über die Natur der Liebe lehren, ist nur ein Zeugniß für die geistverlassene Rohheit der Weltanschauung dieser Herren. Es gibt eine Liebe, die zu ihrem Gegenstande aufblickt als zu einem Stern und „wen gelüstet's nach den Sternen?" Es gibt eine Wahlverwandtschaft zwischen Menschen, zwischen Mann und Weib, welche sinnliches Bedürfen und Begehren nicht kennt. Und am höchsten und heiligsten weiß zu lieben, wer die Eitelkeit, den Sinnenbrand und den Ehrgeiz hinter sich hat und all den bunten Kram und Trödel verachten kann, wonach die Menschen in jungen Jahren mit Begierde streben.

6. September.

Heute Nacht sah ich im Traume die zwei Männer beisammen, welche ich von allen Männern

---

*)„ Gekrönt mit Ruhm, gemacht zur Göttin hab' ich dich.
Alessandro Guidi.
A. d. H.

am meisten geliebt habe und deren Hingang ich nicht verwinden kann: meinen ältesten Bruder und meinen Freund Pompeius. Mir war, als wandelte ich im Zwielicht über eine weite Asphodeloswiese und da saßen die beiden unter einer hohen Cypresse, als erwarteten sie mich. Sie waren durchsichtig bleich, aber sonst ganz so, wie ich sie im Leben zuletzt gesehen. Mein Bruder zeigte mit der Hand auf mich und sagte: „Da kommt er endlich. Nun können wir die große Frage weiter mitsammen erörtern". Worauf Pompeius mit seinem alten lieben sarkastischen Lächeln: „Ja, die alte ewige Schnurrpfeiferei: To be or not to be?" Voll Freude rief ich aus: Darum handelt es sich nicht; ihr seid ja! Wie ich nun aber beiden die Hände hinstreckte, waren sie plötzlich weggeschwunden wie Rauch, und halb schon im Erwachen glaubte ich im Wipfel der Cypresse geisterhaft es rauschen zu hören:

„Die Cypreß' ist der Freiheit Baum,
Weil man sie dir pflanzt auf's Grab.
Dein Leben war im Kerker ein Traum,
Bis der Tod dir Flügel gab."

7. September.

Eins der bedrohlichsten Krankheitsymptome unserer Zeit ist der blinde und fanatische Haß gegen alle höhere Intelligenz, welcher zweifellos in den Massen glostet und von schuftigen Gesellen in jeder Weise geschürt wird. Sie, welche das Volk nur im Pöbel sehen und kennen, möchten die ganze Gesellschaft zur Kanaille machen. Nur weiter, ihr Herren Lumpagogen! Eines Tages dürfte aber der schnöde Brei, welchen ihr zusammenrührt, euch selber zu heiß werden.

---

8. September.

Die Geschichte wird es dereinst als ein Charakteristikum von höchster Bedeutung zu verzeichnen haben, daß im September von 1872 in denselben Tagen drei Kaiser in Berlin und die Kommunisten im Haag getagt haben. Die Thatsache, daß die „Bürger" Internationalen in einer monarchischen Hauptstadt des Kontinents am hellen Tage ganz frank und frei und unbehelligt über die Mittel und Wege berathen konnten, wie die jetzige Ge=

sellschaft über den Haufen zu werfen sei, konstatirt unwiderleglich, daß seit 1815 eine ungeheure Wandelung in der Anschauung der Menschen vor sich gegangen, ein riesenhafter Vorschritt gethan worden sei. Der Kongreß im Haag ist übrigens ausgegangen wie das bekannte hornberger Schießen. Er hatte nur das eine positive Ergebniß, durch seinen ganzen Verlauf der Welt handgreiflich deutlich gezeigt zu haben, welche zugleich läppische und brutale Anarchie sie zu erwarten hat, wann das Reich der rothen Hunnenhorde gekommen sein wird.

———

9. September.

Keine Woche vergeht, ohne daß ich in den Zeitungen lese, wieder sei dieser oder jener meiner Genossen von 1848 zu Grabe gegangen. Ja, der Tod hat schon furchtbar unter uns aufgeräumt. Es ist auch nur billig, daß wir gehen: ein neu Geschlecht kennt uns kaum noch in der Sage. Wir haben das „Vae victis!" herb und hart an uns erfahren müssen. Gemeine und kleinliche

Rachsucht hat alle ihre unmittelbaren und mittelbaren Verfolgungskünste an uns erschöpft und das zu einer Zeit, wo die weitaus meisten von uns in der kalten Fremde mühsälig um das tägliche Brot ringen mußten. Oh, fürwahr, es hat nicht weniger „salzig" geschmeckt, als es vor Zeiten dem alten Dante schmeckte, dieses schwergewonnene Brot des Exils, und auch unsere Füße haben erfahren, wie „hart das Auf= und Niedersteigen fremder Treppen"*). Es ist wahr, der großen demokratischen Reichspartei von 48 hatte mancher Basel sich angehängt; aber wo hat es auf Erden jemals eine Partei gegeben, welcher kein Basel sich angehängt hätte? Daß wir selbstlos gefühlt, uneigennützig gedacht und gehandelt haben, wird die historische Gerechtigkeit uns dereinst bezeugen. Ei, die patentirten Herren Liberalen von 66 und 70, welche mit hoher obrigkeitlicher Bewilligung in Patriotismus machten, sie haben

---

*) „Tu proverai sì come sa di sale
Lo pane altrui e com' è dure calle
Lo scendere e 'l salir per l' altrui scale."
Paradiso, 17, 58.
N. d. H.

ganz anders als wir Alten ihre eigenen höchst
persönlichen Interessen mit denen Deutschlands zu
kombiniren verstanden. Die deutsche Emigration
von 48 darf, wenige Ausnahmen abgerechnet, heute
mit Stolz auf die herben Prüfungen zurückblicken,
welchen sie unterworfen gewesen ist. Wie viel
Noth wurde in unseren Kreisen standhaft ertragen,
wie viel bitterster Kummer heldisch besiegt, wie
viel tüchtige Arbeit geräuschlos gethan! Wir
haben, was uns auferlegt war, nicht ohne Würde
getragen. Und dem Vaterlande, das uns aus=
gestoßen, geächtet, mit Hohn und Schimpf über=
schüttet hatte, sind wir alle, wenige Verirrte ab=
gerechnet, treu geblieben im Leben und Sterben
und haben uns, jeder nach seinem Vermögen, red=
lich bemüht, dem deutschen Namen in fremden Lan=
den Achtung zu verschaffen und Ehre zu machen.
Noch eine Spanne Zeit und der letzte von uns
wird zu Grabe gefahren sein. Möge dann da
und dort noch ein redliches Herz daheim wohl=
wollend der Kämpfer gedenken, welche den Erfolg
nicht für sich hatten. Auf anderen Dank haben
wir nie gerechnet.

10. September.

Seltsam, daß aus der heitersten Gegenwart, die mir seit dreißig und mehr Jahren geworden ist, meine Gedanken so häufig in die ferne Vergangenheit, in die Jugend- und sogar in die Kinderzeit zurückeilen. Geschieht es vielleicht im Vorgefühle des nahen Endes, daß es mich drängt, das Bilderbuch der Erinnerung tagtäglich zu durchblättern? Soll ich noch einmal alle die hellen und dunkeln Seiten desselben nachdenklich betrachten, damit mein Herz erkenne und sage: Es ist genug!? Heute schlug ich ein liebstes Blatt auf, allwo nicht verblaßt, nein, in unvergänglicher Farbenfrische das Bild meiner geliebten Mutter steht. Noch seh' ich sie vor mir, so mild und bleich und schmerzlich-bewegt, wie sie war, als ich sie zum letztenmal sah, an einem stürmischen Herbsttage von 1840, wo sie dem unstäten Wanderer noch eine Strecke weit das Geleite gab. Zwei Jahre darauf hatte ich sie verloren und mit ihr die Heimat. Oh, wie hat sie mich geliebt und wie schwer hab' ich zum Danke dafür gar oft sie betrübt! Am schwersten, als sie in dem geliebten Sohne, in welchem sie dereinst ein Kirchenlicht zu erblicken gehofft hatte, den Ketzer erkennen mußte. Und doch ist sie, die Innigglänbige, es gewesen, welche den Keim der Ketzerei zuerst in mir weckte. Ich erinnere mich der Stunde so deutlich, als wäre sie eine des gestrigen Tages gewesen. Mein Bruder August, mit welchem die besten Hoffnungen unserer Familie in ein vorzeitiges Grab sanken, lag auf hoffnungslosem Krankenlager. Da machte sich meine fromme Mutter in ihrer Angst eines Tages mit mir, der ich ein neunjähriger Knabe war, auf, um zu einem wunderthätigen Kreuze zu wallfahren, das auf der Spitze eines der Albuchberge ob dem Dorfe Nenningen stand. An unserem armen Kranken that dieses Kreuz kein Wunder, obzwar die Inbrunst, womit die an seinem Fuße knieende Mutterangst betete, selbst dürres Holz hätte erbarmen sollen. Ich gestehe, die Wallfahrt eben nicht sehr andächtig mitgemacht zu haben. Früh am Morgen hatten zwar die fremden Dörfer, durch welche wir kamen, meine Neugier angenehm beschäftigt, dann aber hatte mich der weite Weg in brennender Sonne und vollends der anstrengende Gang den

steilen weglosen Berg hinauf sehr ermüdet und
verdrossen. Das tiefe Leid auf dem Antlitz meiner
betenden Mutter ergriff mich aber so, daß meine
Schläfrigkeit verschwand. Es gingen mir allerlei
knäbisch=unklare Vorstellungen durch den Kopf und
fixirten sich zuletzt in dem Gedanken, warum denn
die Mutter, welche doch so seelengut, so fromm, so
hilfebereit allen Leidenden, so barmherzig gegen
alle Armen, so viel der Sorge und des Kummers
haben müßte. Dabei fiel mir ein, kurz zuvor aus
dem Munde eines in unserem Dorfe terminirenden
Kapuziners aus dem ellwanger Kloster den Spruch
vernommen zu haben: „Der Teufel ist alles Uebels
Urheber". Als nun die Betende sich erhoben hatte,
fragte ich: „Mutter, warum schlägt Gott den
Teufel nicht todt?" Sie sah mich überrascht und
erstaunt an. Dann gab sie zögernd zur Antwort:
„Weil er nicht will". — „Aber warum will er
nicht? Er ist doch allgütig". — „Das kannst du
nicht fassen, wir alle können es nicht. Sein Rath=
schluß will, daß das Böse in der Welt sei". —
„Rathschluß? Also ist sein Rathschluß mächtiger
als seine Allgüte und seine Allmacht? Und er hat

ihn doch selbst gemacht, seinen Rathschluß, denn er hat ja alles gemacht". — "Kind, versetzte die Mutter seufzend, wir dürfen nicht grübeln und müssen tragen, was uns auferlegt wird". . . . Dies wurde unter dem wunderthätigen Kreuz auf dem nenninger Berge gesprochen und von Stund' an begann, obzwar erst leise, leise, in mir der Zweifel seinen Stachel zu regen und war ich ein Ketzer, ohne es zu wissen. Die Mutter hatte meine Fragen nicht befriedigend zu beantworten gewußt, die Mutter, meine höchste Autorität! Damit war der erste Stein aus dem Gewölbe meines Autoritätsglaubens gebrochen und der erste Schritt auf dem Wege zur Befreiung gethan. "Zur Befreiung?" Ach, es gibt nur eine wirkliche und sie vollzieht sich erst mit unseres Herzens letztem Schlag. . . Oh, meine Mutter, mir ist der tröstliche Glaube, dich wiederzusehen "auf einem besseren Stern", nicht zu eigen. Aber gesegnet sei mir bis zum letzten Athemzuge dein theures Angedenken, doppelt gesegnet, weil du mich, je schmerzlicher du mich als einen "Heiden" betrauern mußtest, nur um so inniger geliebt hast.

11. September.

„Rrreizzend! Wo-o-onderful!" tönte es ekstatisch schon von ferne und sie kam herangesauf't über die Terrasse, fliegenden Gelockes, „in Lüften schwebend" wie immer, die gute Miß Ekstasy Schnedderebingsfield. Wir standen und schauten, feierlich gestimmt, andächtig, wie betend in das wundersame Glühroth des Sonnenunterganges, welches über den Jurakuppen flammte wie ein Vorhang vor dem Allerheiligsten, und eine liebe Stimme sagte leise neben mir: „Auf einem Berge sterben" — „Ah, Sie kennen Freiligrath?" schmetterte die Miß. Und schon stand sie in Positur und legte los:

>„Auf einem Berge sterben,
>Wohl muß das köstlich sein!
>Wenn sich die Wolken färben
>Im Abendsonnenschein.
>Tief unten der Welt Gewimmel,
>Forst, Flur und Stromeslauf,
>Und oben thut der Himmel
>Die goldnen Pforten auf".

Armer Freiligrath, wärest du in diesem aus dem Erhabenen plötzlich ins Lächerliche umgeschlagenen Augenblicke gegenwärtig gewesen, du hättest, fürcht'

ich, entsetzt ausgerufen: „Nein, um Gotteswillen
nicht auf einem Berge sterben!" ... Ich aber
halte den Wunsch fest. Ja, ich möchte wohl auf
diesem Berge sterben und begraben werden, hier
oben, wo ich, alles zusammengenommen, die sorg=
losesten, frohesten Tage, die schlummersüßesten Nächte
meines Lebens verbracht habe; hier oben, wo
heuer noch ein Stral reinsten Glückes —

>   „Comme un dernier rayon,
>   Comme un dernier zéphyre
>   Anime la fin d'un triste jour" —

mir die Seele durchsonnte, als sollte sie so hell und
heiter scheiden wie der heutige Tag.

---

12. September.

Bevor ich diesmal von dir gehe, theurer Berg,
Laß mich dir sagen noch ein dankbar Lebewohl,
Das ich vielsommerlang, Genesungbringer, dir
Stillschweigend nur entrichtete; doch heute gibt
Die holde Freundin längst verklungner Jugendzeit,
Die Muse — weil doch alte Liebe rostet nicht —
Dem Schlag des Herzens rhythmische Beflügelung.

Ja, Dank dir, Alter, Lieber, mir Vertrautester,
Für jeden Odemzug balsamischer Luft,
Den einzuathmen mir auf deiner Matten Grün,
In deines Buchenwaldes Schatten war gegönnt!
Dank dir für deinen Morgenglanz, dein Himmels-
blau,
Für deiner Abendröthen zauberische Malerei;
Für deiner Wolkenbildungen phantastisch Spiel,
Für deiner „Röthi" Ausblick auf den Alpenkranz,
Für jedes Plauderstündchen auf dem „Känzeli",
Wie für des „Bödeli" waldstille Einsamkeit!
Dank dir, daß du mit deinen Felsgestaltungen,
Mit deiner Kuppen Form, Gestein und Gras und
Kraut
An meiner Heimat Berge mich so oft gemahnt —
An meine Heimatberge, deren Lüfte mir
Zuerst die Seele in der Brust geweckt, daß sie
Frohlockend ihre jungen Flügel hob und kühn
Empor sich schwang, hinauf zum Licht, zum Licht!
 Wie lang ist's her! Der Heimat Berge schwanden
längst
Hinab an meines Daseins Horizont, und was ich
einst

Auf ihren Zinnen hochher, fernschön leuchten sah:
Der Zukunft Frühroth glüh'n und all' die
                              schimmernden
Visionen und Verheißungen von Glück und Glanz,
Die Träume auch vom Menschenrecht und Völkerheil,
Der lautersten Begeisterung Entzückungen —
Alles dahin, dahin auf Nimmerwiederkehr. . . .

Doch nicht allein für deiner Sonnentage Glanz,
Für deiner Sternennächte heilig Schweigen nur
Hab' Dank, mein Berg; nein, dafür auch, wenn
                              launisch du,
Dich wandelnd in ein richtig Wolkenkukuksheim,
Antreten deine Dreaden läßt zum Sturmestanz
Und dein Orchesterdirigent Nordwest dazu
Losrasen macht wirrsälige Zukunftsmusik,
Daß vor Entsetzen drob das Dach ob meinem Haupt
Davonflieh'n möchte und des gastlichen Hauses
                              Grund
Vor Unbehagen bebt — ja, Dank dafür dir auch!
Denn solche Wolkenkukuksheimerei sie gibt
Der Professorin Langeweil' Gelegenheit,
Zu lesen uns ihr gründlichstes Kollegium
Ueber die beste Wissenschaft, die heißt Geduld.

Geduldig sein ist weise sein ... Oh, Muttererd',
Alldulderin, Geduldaushaucherin, du hast
Besänftiget im Busen mir das stürmische Herz,
Hast der Ergebung Balsam mir auf's heiße Aug'
Geträufelt, daß es auf das bunte Affenspiel
Des Menschenlebens hinblickt zornlos, mitleidsvoll.
Geduldiger, Ergebener, oh nimm es hin,
Wie's hinzunehmen, was doch nicht zu ändern ist:
Wenn alles Schönste, Edelste und Heiligste
Sich in sein fratzenhaftes Gegentheil verkehrt,
Wenn Trösterin Hoffnung umspringt in Ver=
 zweifelung,
Die edle Treue wird zur schnöden Narrethei
Und Liebe, ach, der holdeste Wahn, zum herbsten
 Weh —
Wenn die Vernunft geschändet wird vom Pöbelsinn,
Gewalt für Recht gilt und der Schwindel für Genie,
Wenn Ruhmesglanz Hohlschädel übergoldet hell,
Auf Schurkenstirnen Lorber rauscht und der Verrath
Trägt Bürgerkronen, ärgster Frevel scheulos prunkt,
Beifallsgewiß des Nutzens plumpe Knechtesfaust
Der Ideale Götterbilder niederschlägt —
Wenn Nationen, aller Ehre bar und Scham,

Bastardcäsaren rüsten den Vergottungspomp,
Balspfaffen ihrem Moloch das Blutopferfest —
Wenn Meineid sich und Lug und Trug auf Thronen
     bläh'n
Und Knechtsinn, die Patriotenmaske vorgesteckt,
Davor im Staube kriecht und leckt — wenn
     Tyrannei
Triumphend ihres Siegeswagens blutige Last
Hin über Völkerleichen treibt und hintendrein
Tedeum brüllend wallt der feige Sklave Plebs.
Ja, alles das sieh' mit Geduld! Du weißt ja wohl:
So war's vom Anfang, so wird's bis zum Ende sein.
 Wie oft, du greiser Berg, wie oft hab' ich,
An einer deiner Wettertannen Stamm gelehnt
Und niederschauend in die Licht= und Dunkelschlacht,
Die wildchaotisch mir zu Füßen wogte, oh
Wie oft hab' ich das nimmerstille Weltschmerzlied
Im Ohr mir gellen hören, wie gegellt es schon
In grauer Zeit im Ohr dem Mann vom Lande Uz,
Den Frageschrei, auf den es keine Antwort gibt: —
Woher, warum, wozu, wohin der Mensch, die Welt?
Ein Fastnachtsschwank für Götter oder Teufel nur?
Ein toller Traum, im Rausch geträumt vom Demiurg?

Ein Schaum, ein Schein, ein Schemen, eine Null,
         die doch
Mit ihres Riesenringes Nichts die Wirklichkeit
Millionenfachen Weh's umschließt? Wozu? Warum?
 Laß Fragen sein, auf die es keine Antwort gibt,
Oh, vielgeprüftes Herze! Tröste dich: Geduld!
Der Schaum verschwindet und der Schein erlischt
         ja bald.
Sieh drüben dort die Wolke, welche schwer und
         schwarz
Der Jungfrau morgenhelle Firnschneestirne drückt
Wie Daseinsweh den Lebenstraum; — ein Augen=
         blick,
Des Sonnenbogens Sehne klingt, der Pfeil durch=
         blitzt
Die Schwarze, Lastende, — sie theilt sich, zittert und
Verflattert spurlos ins unendliche Aetherblau.
Geduld! Oh, meine Seele, tröste dich! Bald schnellt
Befreier Tod ja der Erlösung Sonnenpfeil
Und, aller Lebenstraumqual ledig, schwinden wir
Vernichtungsselig in das ewige All und — Nichts.

Druck von Bär & Hermann in Leipzig.

www.ingramcontent.com/pod-product-compliance
Lightning Source LLC
Chambersburg PA
CBHW031859220426
43663CB00006B/683